탄탄한 자존감으로
어디서든 반짝일

_____ 님께

나의 현재만이 나의 유일한 진실이다

나의
현재만이
나의 유일한
진실이다

김종원의 세계철학전집

×

쇼펜하우어 for 자존감

김종원 지음

범접할 수 없는 탄탄한
자존감을 원하는 당신에게

"그것이 어디로 가는지 누가 알겠는가,

어디서 온 것인지조차 모르는데."

답이 없는 시대를 산다고 말하는 사람이 많다. 하지만 나는 그렇게 생각하지 않는다. 답을 찾지 못하거나, 없다고 생각하는 이유는 그 문제가 어디서 온 것인지 모르기 때문이다. 어디서 온 것인지 아는 사람은 그것이 무엇이든 어디로 가는지도 알 수 있다.

시작과 본질 그리고 근원을 모르는 사람은 더욱 살기 힘든 세상이다. 이제 비밀은 없다. 모두에게 같은 텍스트가 주어지고 있어서다. 그런데 같은 텍스트를 읽지만, 모두의 변화는 제각각이다. 이유는 텍스트를 바라보는 '어떤 시선으로 읽느냐?', '무엇을 찾아낼 것인가?', '찾아낸 것을 삶에 어떻게 녹여낼 것인가?' 이 세 개의 관점과 질문의 수준이 서로 다르기 때문이다. 좀 더 높은 수준의 소유자에게는 우주처럼 끝나지 않는 지성의 세계가 열리겠지만, 그렇지 않은 사람에게는 아무런 감흥도 느껴지지 않는다.

나는 2008년부터 그 문제에 대한 사색을 시작했고, 16년이 지난 지금에서야 《김종원의 세계철학전집》으로 내가 찾은 답을 세상에 전할 수 있게 되었다. 이 전집의 핵심 메시지를 간단하게 압축하면 이렇다.

1. 철학은 반드시 답을 찾는다. 좀 더 좋은 답도 있고, 좀 더 깊고 풍성한 답도 있다. 전집을 통해서 독자에게 읽고, 사색하며, 실천까지 옮기는 일상의 기쁨을 선물한다.
2. 전집 30권의 큰 구성은 이렇게 진행한다. 살아가는 데 반드시 필요한 30개의 키워드를 먼저 정한 후, 거기에 가장 적합한 30명의 철학자를 통해 이야기를 나눈다.

3. 앞으로 책에서 소개할 주인공은 각자 예술가의 상상력, 학문적인 성과, 현실적인 경험과 지혜 그리고 탁월한 창조력을 가진 인물들이다.

4. 일상의 작은 고민에서 시작해 각종 비즈니스와 삶의 현장 곳곳에서 확실하게 도움이 될 수 있는 해답을 제시한다.

이런 방식으로 그들이 남긴 메시지를 농밀하게 추출해서 소개할 예정이며, 그 내용을 쉽게 이해할 수 있게 설명한 후, 내면에 각인할 수 있도록 필사 문장을 제공할 것이다. 이로써 매일 한 장 한 장을 읽어나갈 당신의 삶은 이전과 완전히 달라질 것이다.

3권의 주인공은 한국인이 유독 사랑하는 철학자, '아르투어 쇼펜하우어'로, 그가 대표하는 키워드는 '자존감'이다. 쇼펜하우어는 《김종원의 세계철학전집》 1권의 주인공인 괴테를 젊은 시절부터 존경했다. 실제로 그가 쓴 책에는 괴테가 들려주었거나 남긴 글이 자주 인용된다. 하루는 젊은 쇼펜하우어에게 괴테는 이런 조언을 했다. "삶은 일방적인 의지로 움직이고, 세계는 본래 악하다네. 그러니 모든 삶은 결국 고통일 뿐이지. 만일 자네의 가치를 빛내고 싶다면, 자네가 먼저 스스로의 세계가 빛나고 있음을 인정해야 한다네." 괴테는 젊은 쇼펜하우어에게 자존감의 가치를 전한 것이다.

나는 쇼펜하우어의 삶을 관찰하고, 연구하면서, 자존감을 탄탄하게 다지려면, 7가지 능력이 필요하다는 사실을 알게 되었다. 그 7가지를 그대로 목차로 구성했으며, 그가 남긴 모든 지성의 파편을 가장 농밀한 언어로 변주해서 책에 꾹꾹 눌러 담았다. 부디 근사한 선물이 되기를 바란다.

문해력
: 끊임없이 자신을 확장하며 스스로 깨닫는 힘

2장

센스
: 세상을 똑똑하고 지혜롭게 살아가는 법

성장

: 멈추지 않고 전진하는 지적인 도전

내면

: 나 스스로 단단해지는 연습

일상
: 내 가치를 증명해 내는 기술

김종원의 세계철학전집

✕

쇼펜하우어 for 자존감

◇ 1장 ◇

문해력
: 끊임없이 자신을 확장하며 스스로 깨닫는 힘

Arthur Schopenhauer

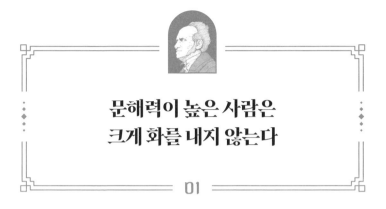

문해력이 높은 사람은 크게 화를 내지 않는다

01

사람은 대부분 자기 자신 외에는
그 무엇에도 별 관심이 없다.
그러니 다른 사람들이 무슨 이야기를 하든
자기 자신만 생각하며 정진하면 된다.

Arthur Schopenhauer

겁이 나거나 두려울 때 그 이유를 설명하지 않고, 괜히 주변에 화부터 내는 사람들이 있다. 그들에게는 문해력이 평균보다 낮다는 공통점이 있다. 현재 느끼는 자신의 감정을 말과 글로 선명하게 표현할 수 없으니, 답답한 마음에 오히려 주변 사람들에게 화를 내는 것이다. 그래서 문해력이 낮은 사람은 위험하다. 그는 아무리 오랫동안 살아도, 자신이 배운 것과 느낀 것을 주변에 알릴 수 없기 때문에 주변 탓을 하며 살게 될 가능성이 높아서 그렇다. 그래서 그들 옆에 있는 사람들은 언제나 괜한 고생을 하게 된다.

반면에 문해력이 높은 사람들은 겁이 나거나 두려워도 비교적 차분하다. 정확한 언어로 자신을 설득하며, 차분한 상태를 유지할 수 있는 덕분이다. 결국, 자연스럽게 자존감도 상승한다. 게다가 어떤 급박한 상황에서도 늘 차분한 감정을 유지하니, 현재 자신의 감정을 주변 사람들에게 더 선명하게 설명할 수 있게 된다. 높은 문해력을 소유한 사람들이 경험하는 선순환은 이렇게 반복되며, 그들의 삶을 돕는다.

또한 사람에게는 쓰임이 매우 중요한데, 문해력이 낮은 사람은 어느 곳에서도 쓰임을 받지 못해서, 자신의 가치를 믿지 못하는 사람으로 살게 된다. 누군가에게 의지하며 살아보려고 해도 그것조차 자신이 없어져서, 끝내 자신을 파괴할 정도로 폭발하며 무너진다. 스스로 자신의 자존감을 파괴하며 살게 되는 것이다.

이처럼 탄탄한 자존감을 유지하려면, 다른 말이 필요하지 않을 정도로 문해력은 매우 중요하다. 이런 문해력이 점점 상승하는 인생을 살기 위해서는 무엇이 필요할까? 쇼펜하우어의 말에 답이 있다. 자기 자신만 생각하며, 정진하면 된다. 높은 문해력을 가지려면, 가장 먼저 자신의 삶을 살아야 한다. 그게 핵심이다. 자기만의 삶이 있어야, 언어도 자신이 살아갈 공간을 만들 수 있다.

문해력을 어렵게 생각하는 사람이 많은데, 쇼펜하우어의 조언처럼 누가 뭐라고 하든 자기 자신만 생각하며 정진한다면, 그 삶에서 자연스럽게 문해력을 키울 수 있다. 이를 통해 우리는 탄탄한 자존감을 소유할 수 있으며, 타인의 행복과 권리를 침범하지 않으면서도, 자신의 행복을 즐기며 살 수 있다.

필사할
문장

"누가 뭐라고 해도,

자신의 삶을 살아야 한다.

높은 문해력은 자신의 삶을 사는

사람에게만 주어지는 축복과도 같다.

언제나 중심에 나를 두고 생각하라.

거기에서 나의 언어가 탄생하고,

나의 언어로 나는 자유를 얻게 된다."

순식간에
내가 사는 세상을 바꾸는 법

02

어리석은 자들은
자신이 가지지 못한 것을
가진 사람들을 보면, 반발한다.
질투가 나기 때문이다.

Arthur Schopenhauer

온라인에서 어떤 제품이 이슈가 되자, 한 기사에 이런 댓글이
달렸고, 이 댓글에는 바로 수십 개의 '좋아요'가 몰렸다. "SNS 때
문에 저런 마케팅이 통하는 세상이네. 저거 다 마케팅이야, 이 바
보들아!" 그러나 나는 같은 기사를 봤지만, 이렇게 해석하며, 내게
도움이 될 수 있게 변주했다. 'SNS 덕분에 이런 소식을 들을 수 있

네. 이 제품에는 어떤 장점이 있나 살펴볼까?'

요즘 인스타그램에 책 광고가 참 많다. 좋은 글이라고 생각해서 읽었는데, 결국 책을 광고하는 포스팅이라서 실망이라는 사람도 많다. "뭐야, 결국 책 사라는 거야?", "이놈의 책팔이들!" 하면서 말이다. 그러나 나는 그런 내용의 포스팅을 보며 이렇게 생각한다. '책이 필요한 사람에게 꼭 알리고 싶은 저 사람의 간절한 마음 덕분에 이런 좋은 글을 공짜로 읽네. 이 글에서 나는 어떤 깨달음을 얻을 수 있을까?'

그렇게 생각의 방향을 바꾸면 내게 어떤 일이 생길까? 일단 좋은 글에 녹아 있는 가르침도 배울 수 있고, 그 글을 전하려는 사람의 마음과 태도까지 배울 수 있게 된다. 세상은 결코 자신을 바꾸지 않는다. 그러나 지금도 "나는 세상을 바꿀 수 있다!"고 외치는 사람이 있고, 그들은 실제로 세상을 바꾼다. 내가 그랬던 것처럼, 내가 세상을 바라보는 시각을 바꾸면, 지금 당장이라도 가능한 변화다.

"온갖 '때문에'라는 말은

결국 세상을 비난하고, 사람을 미워하는

슬픈 결말로 우리를 이끈다.

'덕분에'라는 아름다운 말을 쓰면,

모든 일에 감사하게 된다.

세상은 그렇게 내가 바꾸는 것이다."

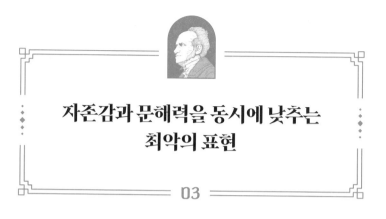

자존감과 문해력을 동시에 낮추는
최악의 표현

03

사람은 음식물로 몸을 튼튼하게 만들며,
독서로 정신력을 향상시킬 수 있다.

Arthur Schopenhauer

　누군가 무언가에 대한 글을 쓰면, 언제나 "다 그런 건 아니잖아
요."라는 식의 댓글을 다는 사람이 바람처럼 나타난다. 당신은 어
떤 생각이 드나?

　나는 "다 그런 건 아니잖아요."라는 표현이 글쓰기에 매우 부정
적인 영향을 미친다는 사실을, 이미 다른 책을 통해서 강조한 적

이 있다. 예를 들면, 이렇다. 그의 의견을 반영해서 쓴 글을 한번 읽어보라.

"나는 새벽 3시에 일어나서 하루를 시작한다. 그럼 기분이 좋아져서 좋은 소식이 많아진다(다 그런 건 아닙니다). 오전 10시에 즐기는 커피의 향기는 다시 한번 나를 깨운다(다 그런 건 아닙니다). 산책을 나서면, 머릿속에서 수많은 영감이 떠올라 잠시 멈추고, 메모를 한다(다 그런 건 아닙니다)."

이 글이 제대로 읽히나? 이걸 글이라고 생각하나? 아마 읽다가 중간에 "이게 뭐야? 자기 생각에 대한 믿음이 전혀 없네."라는 말을 내뱉으며, 읽기를 중단할 가능성이 매우 높다. 다시 말해서, "다 그런 건 아니잖아요."라는 말을 일상에서 자주 내뱉는 사람은 이런 인생을 살 가능성이 매우 높다.

1. 읽히지 않는 글을 쓰는 사람

2. 호감을 주지 못하는 사람

3. 내일이 기대되지 않는 사람

4. 낮은 자존감 때문에 신경을 많이 쓰는 삶

5. 되는 게 하나도 없는 인생

아마 "다 그런 건 아니잖아요."라는 말을 입에 달고 사는 사람들은 이 글에도 이렇게 응수하며, 연약한 자신을 방어할 것이다. "다 그런 건 아니라고 말하는 사람들이, 다 저렇게 사는 건 아니잖아요!"

지금 나는 특정한 사람을 비난하려고 이 글을 쓰는 게 아니다. 단지 표현 하나만 바꿔도 충분히 근사한 삶을 살 수 있는데, 그걸 하지 못해서 방황하는 이들에게 도움을 주고자 함이다. 주변의 선택을 받지 못하거나, 스스로 자기 생각을 강력하게 전달할 수 없는 사람은, 결국에는 낮은 자존감으로 인생을 제대로 살지 못할 가능성이 농후하다.

새벽 3시에 일어나면 기분이 나빠지는 사람도 있고, 오전 10시에 커피가 아닌 홍차를 즐기는 사람도 있고, 산책을 나서면 아무 영감도 떠오르지 않고, 다리만 아픈 사람도 있다. 그러나 이런 사실을 꼭 기억해야 한다. 세상에 모든 경우에 다 맞는 이야기나 생각은 없다. 수많은 것 중에서 내게 맞는 하나를 골라서, 그렇게 고른 것을 주변 사람들도 이해하기 쉽게 말과 글로 설명하는 게 핵심이다.

"'다 그런 건 아니잖아요.'라는 말만 하면서 살면,

스스로 자기 생각을 선택할 기회도,

선택한 것을 말과 글로 표현할

좋은 기회도 얻을 수 없다.

자존감과 문해력이 동시에 낮아져서

사는 게 갈수록 어려워진다.

뭐든 내 생각을 하나 선택하고,

생생하게 표현하는 연습을 하자."

인생의 수준을 바꾸는
생산적인 독서를 위한 7가지 조언

04

독서는 다른 사람의 뇌로
생각하는 방법을 배우는 과정이다.
그래서 독서는 자신의 머리가 아닌,
다른 사람의 머리로 생각해야 한다.

Arthur Schopenhauer

쇼펜하우어가 쓴 책에 가장 자주 나오는 단어는 '독서'이다. "사람은 음식으로 체력을 키우고, 독서로는 정신력을 키울 수 있다."라고 말할 정도로 그는 독서를 강조했다.

정말 그렇다. 독서는 그저 읽는 게 아니라, 자신의 삶을 바꾸고 싶을 때 선택할 수 있는 가장 적극적인 행동이다. 이때 중요한 건,

'저도 할 수 있을까요?'라는 나약한 생각을 버리는 것이다. 부디 불완전하게 시작할 용기를 내라. 모든 시작은 언제나 불완전하다.

여기에 당신의 도전을 도와줄 생산적인 독서를 위한 7가지 조언을 소개한다. 비록 7줄에 불과하지만, 7줄의 내용을 7권의 책으로 낼 수 있을 정도로 농밀한 문장이니, 7번에 쓴 말처럼 이해할 때까지 반복해서 낭독하고, 필사한다면, 누구든 더 높은 깨달음을 얻어갈 수 있다고 확신한다.

1. 독서는 다른 사람의 머리로 생각하는 방법을 배우는 과정이다.
2. 그 농밀한 과정을 배우려면, 반드시 필사를 시작해야 한다.
3. 필사를 통해서 우리는 자기만의 생각 지도를 그릴 수 있게 된다.
4. 한 권의 책을 다 읽으면, 내면에 하나의 세계가 탄생해야 한다.
5. 책을 아무리 읽어도 나아지지 않는 이유는, 읽기만 해서 그렇다.
6. 1페이지를 읽었을 때, 최소한 1개 이상의 질문을 창조해야 한다.
7. 내용에 동의하지 못한다는 것은, 생각이 다른 게 아니라 이해하지 못한 것이다.

이제 '천천히'라는 말을 음미하라. 가장 생산적인 독서를 하려면, 가장 느리게 읽고, 조용히 움직여야 한다. 그렇게 머릿속으로 천천히 또 충분히 숙고한 것은, 일상에서 '빠르게' 실행에 옮길 수 있다.

실행이 자꾸 늦어지거나 이루어지지 않는 이유는, 머릿속에서 충분한 숙고가 이루어지지 않았기 때문이다. 다시 말해, 그게 무엇이든 천천히 준비한 것은 빠르게 실행에 옮길 수도 있다. 기억해라. '천천함'과 '빠름'의 삶을 오가는 것이 가장 생산적인 사람들의 특징이다.

필사할
문장

"어리석은 사람들은 천천히 숙고하며,

농익을 시간을 자신에게 허락하지 않아서,

결국 무모한 도전을 하게 된다.

무모하게 도전하는 이유는,

그가 그런 성향의 소유자라서가 아니라,

천천히 숙고한 시간을 갖지 못했기 때문이다."

제대로 글쓰기를 시작하려면
이 표현은 아예 삶에서 지워라

05

조금 어리석은 자는
어리석은 행동을 저지르기만 하지만,
많이 어리석은 자는
자신의 어리석은 행동을 숨기고,
세상에서 가장 어리석은 자는
자신이 얼마나 어리석은 행동을 했는지조차 모른다.

Arthur Schopenhauer

글쓰기는 자기 생각을 표현하는 일이다. 좀 더 선명한 언어로, 읽는 사람이 이해하기 쉽게 쓰는 게 핵심이라고 볼 수 있다. 이걸 제대로 하지 못하면, 의사소통이 이루어지지 않기 때문에 자존감이 낮아질 수밖에 없다.

이 지점에서 하나 묻는다. "왜 수많은 사람이 중간에 글쓰기를 포기하는 걸까?" 힘들어서? 영감이 떠오르지 않아서? 시간이 없어서? 모두 맞는 말이지만, 본질적인 이유는 아니다. 쓰지 않는 삶의 중심에는 이것이 있기 때문이다. '애매한 표현'.

좀 더 선명한 언어로 자기 생각을 이해하기 쉽게 글로 쓰려면, 늘 자기의 현재 생각을 분명하게 표현할 수 있어야 한다. 그래서 늘 조심할 게 하나 있는데, 이것도 저것도 아닌 애매한 표현을 사용하지 않는 것이다. 그 대표적인 말이 바로 이것이다. "나쁘지 않아."

이건 나쁘다는 건가? 아니면 좋다는 건가? 그 중간 어느 지점이라는 건가? 물론 살다 보면, 애매한 감정을 표현해야 할 때도 있다. 하지만 마치 습관처럼 "나쁘지 않아."라는 표현을 사용한다면, 글쓰기에 매우 안 좋다. 늘 대충 생각하고, 대충 말하는 게 습관이 되니, 뭐든 분명한 표현을 할 수 없게 되기 때문이다. 단단한 자존감에서 나온 섬세한 표현을 통해서, 내 생각에 가장 근접한 글을 쓰려면, 습관처럼 반복하는 애매한 표현을 일상에서 아예 삭제해야 한다.

쇼펜하우어는 세상에서 가장 어리석은 자는 현재 자신이 얼마나 어리석은 행동을 했는지도 모르는 사람이라고 강조했다. "나쁘지 않아."라는 표현을 습관처럼 사용하는 것도 거기에 속한다. 지금이라도 자기 삶을 관찰하며, "내 안에 선명하지 못한 애매한 것들이 있나?"라는 질문을 통해 스스로 점검하는 게 좋다.

"애매한 표현은 애매한 일상을 만든다.

조각을 하듯 생각을 섬세하게 조각하라.

'바로 이게 내 생각이야.'라고 외칠 수 있는

완벽에 가까운 한 줄을 생각해 낼 때까지."

글을 읽고 나만의 것으로 만드는
14단계 생각의 과정

06

자신이 독서한 모든 내용을
잊지 않으려는 마음은,
먹은 음식을 모두
체내에 간직하려는 것과 같다.

Arthur Schopenhauer

앞에서 충분히 설명한 것처럼 자존감을 높이는 데 문해력이 필요한 이유는, 보고, 듣고, 느낀 것을 말과 글로 표현하지 못하는 순간 삶의 비극이 시작되기 때문이다.

100개를 경험했지만, 자신이 무엇을 했는지 주변에 말과 글로 설명하지 못하니 점점 자신감이 떨어지게 되며, 나중에는 아예 무엇도 시작하지 못하는 무기력한 삶을 살게 된다. 자존감이라고는 찾아볼 수 없는 인생이 되는 것이다. 그래서 이 흔들리는 세상에서 자존감을 굳게 지키고 싶다면, 글을 읽고, 나만의 것으로 만드는 과정에 대한 이해가 필요하다.

내가 쇼펜하우어의 삶을 통해서 발견한 글을 읽고, 나만의 것으로 만드는 방법을 소개하니, 다음 내용을 잘 읽어보라.

하루는 비싼 가격으로 이슈가 되고 있는 망고빙수에 대한 기사를 읽었다. 그리고 다음 14단계 생각의 과정을 통해 하나의 글을 완성했다. 매우 중요한 노하우이니, 다들 꼭 암기할 정도로 읽기를 바란다.

1. 호텔마다 망고빙수 가격이 이슈다.

2. 비싸지만, 다들 궁금해서 먹어본다.

3. 가장 많은 반응은 이것이다.

4. 괜찮네, 그런데 한 번 먹어봤으니 됐다.

5. 실제로 두 번 이상 가는 사람은 별로 없다.

6. 이 부분에서 우리는 이 사실을 깨닫게 된다.

7. 가격이 비싼 건 전혀 문제가 아니다.

8. 세상에는 한 번 먹어줄 사람이 많아서다.

9. 한 번 먹고, 다시 오지 않아도 괜찮다.

10. 인간관계도 마찬가지다.

11. 세상에 사람은 정말 많으니 걱정하지 말자.

12. 떠날 사람은 빨리 보내고, 일상에 전념하자.

13. 한 사람이 간다는 건, 한 사람이 온다는 증거다.

14. 나는 그저 나의 하루를 보내면 된다.

지금 이 시각에도 누군가는 무언가를 먹고, 마시고, 즐기며, 시간을 보내고 있다. 하지만 그 모든 것을 그저 스치는 사람이 다수다. 하루가 지나면, 그들은 어제 자신이 무엇을 보고, 듣고, 느꼈는지 기억하지 못한다. 자기만의 것으로 만들지 못했기 때문이다. 그냥 보는 것과 확실하게 보는 것은 다르다. 후자의 삶을 살고 싶다면, 지금부터라도 뭐든 나만의 것으로 만드는 연습을 시작해야 한다.

"아름답고 고귀한 것을 보는 것도 좋다.

하지만 그보다 중요한 건,

그것들을 나만의 것으로 만드는 일이다.

그래야만 내가 느낀 가치를

세상에 전할 수 있다.

표현하지 못한 가치는 가치가 아니다."

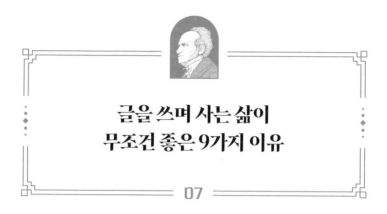

글을 쓰며 사는 삶이
무조건 좋은 9가지 이유

07

하고 싶은 일이 없다면,
살아야 할 이유도 없다.

Arthur Schopenhauer

이 글을 쓰고 있는 2024년 6월 현재, 나는 100권이 넘는 책을 쓴 사람이다. 그러나 하나 고백하자면, 여전히 내게 글을 쓴다는 건 매우 부끄러운 일이다. 결코 스스로 대단해서 뭔가를 자랑하려고 글을 쓰는 게 아니다. 사실을 고백하면, 나는 매일 글을 쓰면서 오히려 생각보다 더 별로인 나를 확인하게 된다.

그럼에도 불구하고 글을 쓰면, 어떤 변화가 생길까? 당신도 부디 지금부터라도 글을 쓰며 살 수 있기를 바라는 마음으로, 이해하기 쉽게 간단히 정리하면 이렇다.

1. 글을 쓰면, 생각보다 별로인 나를 마주한다.
2. 그럼에도 매일 쓰면서 자존감이 탄탄해진다.
3. 별로인 나를 내가 따뜻하게 안아줘서 그렇다.
4. 한 번 안으면, 한 줄이 탄생한다.
5. 쓴다는 건, 매일 더 나아진다는 증거다.
6. 주변의 소음에서 점점 멀어지는 삶을 살게 된다.
7. 드디어 내면의 독립을 이루는 것이다.
8. 좋은 일만 생기는 인생을 살게 된다.
9. 살았던 이야기를 그저 쓰기만 하면, 뭐든 이루어진다.

글을 쓰며 사는 삶은, 이렇게 좋은 게 많다. 그러니 당신도 시작하라. 글을 쓰지 않을 이유가 전혀 없다. 쓰면서 우리는 본인의 쓰임을 찾게 되고, 짐작하지 못할 정도로 탄탄한 인생을 살게 된다. 매일 높은 자존감의 증거와 근거가 동시에 늘어나니, 늘 좋은 일만 생기는 인생을 살게 되는 보너스도 즐길 수 있다.

잠시 동기부여를 좀 하자면, 쇼펜하우어가 말한 '하고 싶은 일이 없다면'을 '쓰고 싶은 글이 없다면'이라고 바꿔서 읽어봐라. 쓰고 싶은 글이 없다면, 살아야 할 이유도 없는 것이다. 아무것도 쓸 게 없는 그런 삶에 과연 싱싱하고, 힘찬 활력이 생길 수 있을까? 그러니 꼭 기억하길 바란다.

"좀 더 단단한 삶을 원한다면,
지금부터라도 글을 써보라.
부끄러운 시작을 견딘 자만이,
자랑스러운 나를 만날 수 있다."

글쓰기와 강연으로
자신을 사랑하는 방법을 배워라

08

어떤 작품이 매일 자신의 손으로
하나하나 만들어져
완성되는 것을 볼 때,
인간은 소중한 행복을 느낀다.

Arthur Schopenhauer

쇼펜하우어는 우리의 인생을 '매일 조금씩 완성되어 가는 것'
이라고 말했다. 아무리 기를 써도, 순식간에 완성되는 인생은 없
다. 하루하루 아주 조금씩 정성을 다해 쌓아야, 훗날 처음 생각했
던 모양을 만들 수 있다.

중요한 건 자신을 향한 사랑이다. 스스로를 사랑하지 않는 사

람의 하루는 결코 쌓이지 않기 때문이다. 쇼펜하우어가 강조한 것처럼 인생은 결국 수많은 일상의 합이고, 그 중심에는 자신을 향한 사랑이 존재한다. 그렇게 스스로 만든 일상이 모여서 하나의 삶이 완성된다.

그래서 나는 이 시대를 사는 모든 사람이 각자 자신의 이야기를 글로 쓰거나, 강연으로 말할 수 있어야 한다고 생각한다. 그 이유와 가치 그리고 방법에 대해서 내 삶을 변주해 간단하게 설명하면 이렇다.

1. 나는 강연을 따로 준비하지 않는다.
2. 당연히 어떤 자료도 만들지 않는다.
3. 다만 일상이라는 자료를 충실히 만든다.
4. '도움이 되고 싶다.'라는 간절한 마음으로 강연장에 도착한다.
5. 무대 앞에 서서 앉아 있는 이들을 바라본다.
6. 순간적으로 그들의 눈동자가 원하는 것을 아주 빠르게 그러나 착실히 내면에 담는다.
7. 그렇게 담은 것은 내 일상의 변주를 통해 가장 농밀한 형태의 말이 되어 나온다.
8. 덕분에 무선 마이크 하나만 있으면, 어디에서든 10시간도 강연이 가능하다.

9. 그래서 강연을 하면 할수록 소중한 사람이 많아진다.

10. 고민과 희망 그리고 사랑까지 모두 내 마음에 담은 덕분이다.

글쓰기는 모든 철학자가 강조하는 탄탄한 자존감을 만드는 최고의 지적 장치이다. 여기에 쇼펜하우어는 강연까지 추가로 강조한다. 앞에서 언급한 것처럼 누군가에게 도움이 될 수 있는 강연을 하려면, 그 정도로 가치 있는 인생을 살아야 하고, 자신을 사랑하지 않고는 그런 가치를 창조할 수 없기 때문이다. 그래서 우리는 글쓰기와 강연을 하면서 오히려 자신을 사랑하는 방법을 배우게 된다. 누군가를 위한 일이 결국 나 자신을 위한 일이 되는 셈이다.

한번 시작해 보라. 아니, 당신은 이미 그런 삶을 시작했다. 이 글을 읽고 있으니까.

"글쓰기와 강연은 세상과 사람을

지극히 사랑하는 일이다.

사람에 대한 이해는 사랑에서만 나오며,

그래야만 마음으로 전해지는 강연을 할 수 있다.

나도 이미 그 삶을 시작했다."

나의 독서와 글쓰기가
제대로 힘을 발휘하지 못하는 이유

09

개에게는 개가,
소에게는 소가,
돼지에게는 돼지가 보일 뿐이다.

Arthur Schopenhauer

참 자극적인 말이다. 왜 그가 이렇게 자극적인 말을 했는지 한 번 살펴보자.

오랫동안 운동을 해서 팔의 힘이 아무리 강해도, 힘없이 늘어져 있는 물체를 집어던지게 되면, 멀리 날아가서 강력하게 부딪칠 정도의 결과를 만들 수 없다. 과학적으로 이 문제를 설명하자면,

이 물체의 질량이 외부의 힘을 전부 받아들이기에 부족하기 때문에 일어나는 현상이다. 그런데 과연 이런 현상이 현실에서는 일어나지 않을까?

당신의 독서와 글쓰기가 생각한 만큼의 성과를 내지 못하는 이유도 바로 여기에 있다. 독서와 글쓰기가 가진 힘은 아주 세다. 그건 마치 30년 동안 매일 치열하게 운동한 선수의 팔과도 같다. 하지만 그런 강력한 근육으로 무장한 팔도, 힘없이 늘어져 있는 물체는 멀리 던질 수 없다. 또한 어디로 가야 할지 알 수 없어서, 원하는 지점으로 던지는 것도 불가능하다.

'독서'와 '글쓰기'가 '강력한 팔'이라면, '하늘하늘한 연약한 존재'는 '우리'라고 말할 수 있다. 독서와 글쓰기에 문제가 있는 게 아니라, 그걸 하고 있는 아직은 낮은 수준의 나 자신에게 문제가 있는 것이다.

위대한 사상이나 시대를 호령한 천재의 걸작은, 이를 이해할 만한 사람을 만나 비로소 빛나는 별이 된다. 하지만 그런 사람이 아닌 편협하고, 지성이 빈약한 사람들을 만나게 되면, 끝내 빛나지 못하고, 허무하게 사라진다.

일상에서 나누는 대화도 마찬가지다. 어리석은 사람과 이야기를 나누고 있는 사람은, 잠든 사람과 대화를 나누는 것과 같고, 햄릿이 "독설도 어리석은 귓속에서는 잠잔다."라고 말한 것처럼, 어떤 말도 힘을 갖지 못하는 상황과 마주하게 된다.

독일의 물리학자 리히텐베르크는 이런 현상을 충격에 가까운 강력한 한 줄로 이렇게 표현했다. 쇼펜하우어의 표현보다 좀 더 강력한 이 문장을 한번 읽어보라.

"책은 거울이다.

원숭이가 들여다보는데,

현자가 보일 리 없지."

그러므로 지금 우리에게 필요한 것은 생각, 생각, 또 생각이다.

"뛰어난 것들을 나의 것으로 만들고 싶다면,

먼저 그걸 가질 내면의 역량을 가져야 한다.

뛰어난 것들은 뛰어난 자들의 눈에만 보인다.

방법은 하나다.

365일 24시간 내내 생각을 멈추지 마라.

나의 생각이 내가 살아갈 세계의 한계를 결정한다."

자존감을 높이는
8가지 사색 독서법

10

사색 없는 독서는
자신을 스스로 망치는
자해 행위와 같다.

Arthur Schopenhauer

자존감을 높이는 독서는 다음 3단계로 완성된다.

1. 더 많은 책을 읽는 것

2. 더 많은 문장을 기억하는 것

3. 마침내 기억했던 문장을 모두 잊는 것

처음에는 단순히 읽은 책의 숫자로 자신을 증명할 수 있지만, 시간이 흐르면 '책의 숫자'가 아니라, '기억하고 있는 문장의 양'이 자신을 증명하고, 가장 마지막에는 '그 문장을 모두 잊는 것'으로 자신의 독서를 증명한다. 모두 잊었다는 것은, 읽고 기억한 모든 문장이 내 삶이 되었다는 증거다.

최고의 독서는 언제나 삶에서 끝난다. 읽고, 기억하고, 하나하나 잊어라. 그리고 삶으로 기억하라. 그렇게 끝난 독서가 우리의 자존감을 끝없이 높여준다.

1. 순서대로 읽을 필요는 없다. 다만 모든 내용을 다 읽어라.

2. 흥미가 아니라, 도전정신을 깨우는 책을 선택하라.

3. 이해할 수 없다고, 건너뛰지 말라. 이해할 때까지 읽어라.

4. 독서가 취미라는 생각을 버려라. 독서는 생존이다.

5. 그날의 문장을 하나 골라서, 온종일 사색에 잠겨라.

6. 내가 믿을 수 있는 작가의 책을 골라서 읽어라.

7. 과시나 비난이 아닌, 공감과 경탄의 독서를 하라.

8. 치열하게 읽고, 기록하고, 모두 잊어라. 삶이 기억할 수 있도록.

쇼펜하우어는 언제나 '사색'을 강조한다. 독서에서 사색은 절대적인 가치다. 책에 있는 글자는 그 글자를 쓴 자의 것이지, 읽는 자의 것이 아니기 때문이다. 읽으면서 나의 것으로 만들기 위해서는, 반드시 사색이 필요하다. 사색이라는 지적 장치를 통해서 우리는 무언가를 얻을 수 있으며, 그것들은 내 삶에 쌓여서 내가 생각하며 살았다는 사실을 증명한다.

"자존감이 높아지는 독서는 따로 있다.
읽은 내용이 고스란히 내면에 들어와서
'나'라는 존재를 빛낼 때,
우리는 누구나 독서로 자존감을 높일 수 있다."

글쓰기 경력 3년 이하일 경우에
이렇게 하는 게 좋다

11

수많은 지식과 생각을
간단하게 몇 줄로 압축해서 글로 쓰는 능력은,
그 사람이 가진 사고의 크기와
특별한 능력을 증명한다.

Arthur Schopenhauer

문해력을 기르기 위해서 반드시 필요한 게 바로 '글쓰기'다. 하지만 뭐든 3년이 가장 어렵다. 직장도 마찬가지로 입사 후 3년 정도가 지나면, 업무가 지루해져서 이직을 결심하게 된다. 하지만 그런 결정이 자기에게 이득으로 돌아왔다는 소식은 별로 들어본 적이 없다.

글쓰기는 더욱 그렇다. 계속해서 쓰는 사람으로 남고 싶다면, 글쓰기 경력 3년 이하일 경우, 반드시 다음 5가지 태도를 지니고 있어야 한다.

1. 좋은 책을 반복해서 읽는 것도 좋지만,
   매일 30분 정도 필사를 병행하는 게 더 좋다.
   필사로 글의 체계와 기준을 세워야 한다.

2. 심각하게 고민해도 좋은 글이 나오기는 쉽지 않으니,
   좋은 글보다는 많은 글을 쓴다고 생각하라.

3. 남의 글과 비교하거나 평가를 부탁하지 마라.
   처음 3년은 고유의 색을 만드는 과정이다.
   색을 잃으면, 모든 것을 잃게 되는 것이다.

4. 매일 5개 이상의 댓글을 써라.
   댓글을 쓰기 위해 원글을 반복해서 읽으며,
   글쓰기에 필요한 최소한의 문해력을 키울 수 있다.

5. 세상에는 매일 쓰지 않는 사람이 많지만,

쓸 영감은 매일 주어진다는 사실을 기억하라.

꾸역꾸역 주어진 영감을 글로 다 써내라.

좋은 기본기와 태도는 그렇게 길러진다.

글을 쓰는 자만이 자신을 유지할 수 있다. 인생은 결국 반복이다. 대부분 희망과 절망을 오가며, 그저 사는 데 급급하지만, 자신이 본 하루를 남기는 사람들이 있으니, 그들은 자신의 모든 일상을 글로 남기며, 매일 멈추지 않고 성장한다. 대신, '글'이라는 도구에 너무 매몰될 필요는 없다. 작가는 글로 표현하고, 피아니스트는 멜로디로 표현한다. 또 건축가는 건물로 표현하고, 화가는 그림으로 표현한다.

누구나 일상의 무언가를 남길 수 있다. 다만, 남긴 자만이 그게 무엇인지 세상에 보여줄 수 있다.

"기억은 사라지지만,

기록은 영원하다.

결국 글쓰기란,

나를 높이는 희망과

한없이 낮추는 절망 사이에서

중심을 잃지 않고,

자신을 유지한 사람만이

해낼 수 있는 일이다."

와인을 즐기며
난 잠시 영화 속에서 살다가 나온다

12

단지 즐거움을 위한 독서는,
잡초를 키우는 것과 같다.
잡초는 싹의 영양분을 빼앗아 간다.
그러므로 나쁜 책은,
독자의 돈과 시간, 주의력까지 가로챈다.

Arthur Schopenhauer

문해력 즉, 언어 능력이 뛰어난 사람에게는 세상에 사소한 것
이 존재하지 않는다. 참고로 나는 커피나 와인, 물 한잔에도 섬세
하게 반응하며, 온갖 다채로운 감정을 느낀다. 그 향기와 미세한
감각이 나를 어딘가로 데려가서, 짐작할 수도 없었던 특별한 것을
경험하게 해주는 것이다. 그렇게 나만 아는 그 근사한 여행에서

돌아온 이후, 나는 내가 느낀 모든 것을 일상이라는 원고지에 기록한다. 내면에 적는 것이다.

나는 드라마나 영화를 거의 안 본다. 매일 내 삶에서 더 근사한 장면이 태어나고 있으니까. 나만 그런 게 아니다. 실제로 문해력이 뛰어난 영화감독이나 드라마 작가 역시 마찬가지다. 반복해서 강조하지만, 그들은 좋은 영화를 만들거나 드라마의 대본을 쓰기 위해서 다른 작품을 감상하거나 분석하는 대신, 일상에 무섭게 집중한다. 삶에 모든 힌트가 있다는 사실을 알고 있어서다.

언어의 힘이란 이런 것이다. 나는 늘 떠날 준비를 마친 상태이며, 세상은 늘 나를 떠나게 한다. 그러나 이걸 모르는 사람들은 영원히 이 세상을 알 수 없다.

이 세상은 각자의 언어로 나뉜 수많은 층으로 구성되어 있다. 다른 층은 전혀 다른 세상이다. 우리는 자신의 층에서만 무언가 볼 수 있으며, 그건 세상이 준 자연이라는 선물을 1/1,000도 활용하지 못한다는 안타까운 사실을 의미한다.

이 이야기를 들려주니, 한 독자가 정말 궁금한 표정으로 이렇게 물었다. "그런 삶을 살려면, 어떤 철학책을 읽어야 할까요?" 내 마음을 잘 모르는 사람에게는 거만하게 들릴 수도 있지만, 나는 정말 진지하게 이렇게 답했다. "제가 쓴 책을 읽으면 됩니다."

총 30권으로 구성할 《김종원의 세계철학전집》은 생각의 독립

운동을 하는 마음으로, 사명감을 갖고 쓴 책이다. 이 책을 읽고, 필사를 하면, 삶의 모든 일이 좋은 방향으로 달라진다고 믿는다. 진도가 잘 나가지 않아도 걱정 마라. 나가지 않는 것도 읽는 것이다.

"눈은 그 자리에 머물러 있어도,

내면은 언제나 미세하게 성장한다.

하루 5분, 텍스트를 믿고, 필사하라.

자신과 텍스트를 믿고 시작한 자는

곧 그 가치를 눈과 마음으로 깨닫게 된다."

김송현의 세계설악전집

×

쇼펜하우어 for 자존감

2장

센스

: 세상을 똑똑하고 지혜롭게 살아가는 법

Arthur Schopenhauer

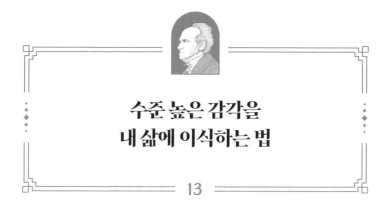

수준 높은 감각을
내 삶에 이식하는 법

== 13 ==

내면의 힘이 약하면,
외부에서 아무리 노력해도,
행복에 도달할 수 없다.

Arthur Schopenhauer

"당신은 고통에 민감한가? 아니면 평화에 민감한가?" 이렇게
질문하면, 약간 혼란스러울 것이다. 받아본 적 없는 질문인 동시
에, 쇼펜하우어가 들려주는 답이 짐작과는 전혀 달라서 그렇다. 우
리는 좋은 것이 아닌 부정적인 것들에 더 빠르고, 깊게 반응한다.

이를 쇼펜하우어는 이렇게 표현한다. "우리는 고통이 있는 상태는 느끼지만, 반대로 없는 상태는 느끼지 못한다." 어떤가? 정말 미묘한 뉘앙스의 말이지만, 핵심을 관통하고 있어서 경탄이 절로 나온다. 마찬가지로 우리는 걱정이 있는 상태는 느끼지만, 없는 상태는 느끼지 못하며, 두려운 상태는 느끼지만, 안전한 상태는 전혀 느끼지 못한다. 마치 갈증을 느끼는 사람처럼, 욕구와 소망은 섬세하게 감지하지만, 바라던 것을 실제로 얻게 되면, 갑자기 매력을 느끼지 못하게 되는 것이다. 쇼펜하우어의 말처럼, 이는 입안에 든 음식물을 삼키면, 이후로는 어떤 맛도 느끼지 못하는 것과 같다.

그럼, 이제 이런 생각을 해볼 필요가 있다. '아무리 노력해도 왜 삶은 나아지지 않는 걸까?' 이유는 간단하다. 노력은 하지만, 일상에서 계속 부정적인 것만 감지하기 때문이다.

좀 더 수준 높은 감각을 가지려면, 부정적인 것을 민감하게 느끼는 일상에서 벗어나, 우리 삶에 직접적인 도움을 주는 것들에 좀 더 섬세하게 반응하며, 꾸준히 내면에 담아야 한다. 이를테면, 수준 높은 감각을 내 삶에 이식하려면, 힘들거나 아플 때만 발달하는 센스를 반대로 행복하거나 기쁠 때 작동시켜야 한다. 그렇게 좋은 것에 반응하는 시간을 늘려 나가야, 세상을 인식하는 우리의 센스도 크게 키울 수 있다.

"혼자 있는 시간에 가장 깊은 고독을 느낄 때,

가장 차분하게 자신을 유지하라.

그리고 온갖 좋은 것을 생각하라.

기쁨, 행복, 긍정, 희망, 경탄 등

이 모든 것을 자주 떠올리며,

내면에 그것들이 가득하게 만들어라."

플러스 인생을 사는 사람은
이렇게 생각한다

14

지혜로운 사람은
생각과 말 사이에서
자기만의 간격을 유지한다.

Arthur Schopenhauer

누구든지 잘살기 위해서는, 내가 좌우할 수 있는 일과 좌우할 수 없는 일을 정확하게 구분해야 한다. 그래야 내가 좌우할 수 없는 것들에 대한 기대를 처음부터 품지 않을 수 있다. 이걸 제대로 하지 못하면, 인생에서 버려야 할 온갖 슬픔과 고뇌, 불안과 고통이 삶에 침투하기 때문에 마이너스 인생을 살 수밖에 없다. 이에 쇼펜하우어는 강조한다. "우리가 좌우할 수 있는 건 오직 하나, '의지'뿐이다."

그럼, 그 의지는 어느 방향으로 흘러야 하는 걸까? 쇼펜하우어의 말에 답이 있다. 바로 '생각과 말 사이에서 간격을 유지하려는 의지'이다. 생각한 것을 말로 전하기 전에 조금의 간격을 두고, 좀 더 자신에게 도움이 될 수 있는 언어로 바꿀 수 있어야 한다. 다음 7가지 사항을 참고하면, 더욱 빠르게 그런 삶을 살 수 있다.

1. 곧 내가 빛나는 시기가 온다.
2. 싫으면 그냥 스치면 되지.
3. 선 넘는 사람이 있으면, 무시하자.
4. 굳이 언성을 높일 필요가 없다.
5. 어떤 경우에도 나를 깎아내리지 말자.
6. 애써 힘든 관계에 매달리지 않는다.
7. 말과 글에 좋은 마음만 담자.

플러스 인생을 사는 사람의 결정이나 답은 결코 빠르지 않다. 남들보다 빠르게 답하고, 결정하는 건 좋은 게 아니다. 조금 느려도, 자신의 입장에서 옳은 결정이 필요하다. 한번 입에서 나온 말은 돌릴 수도 바꿀 수도 없기 때문이다.

"두 번 생각하고, 한 번 말하는 사람과

세 번 넘게 생각하고, 한 번 말하는 사람은

생각의 깊이가 다를 수밖에 없다.

무엇이 나를 위해 더 나은 선택인지,

내 삶이 소중한 만큼 생각하고, 또 생각하자."

지적 수준이 낮다면 결단은 빠르게
그러나 자신의 실수와 동반자살 하지 마라

15

위험을 예측하는 것은
보통의 재능이지만,
위험을 피할 방법을 찾아내는 것은
뛰어난 재능이다.

Arthur Schopenhauer

"아, 고민이네. 이게 좋을까 아니면 저게 좋을까?", "누가 좀 대신 골라주면 좋을 텐데!" 습관일까? 늘 선택 앞에서 머뭇거리며, 시간을 낭비하는 사람이 있다. 이때 반드시 구분해야 할 사항이 하나 있다. '깊은 생각을 위해 시간을 투자하는 것'과 '머뭇거리며 시간을 낭비하는 것'은 매우 다르다는 사실이다.

지적 수준이 높은 사람이라면, 투자한 시간이 선택에 큰 도움이 되겠지만, 머뭇거릴 정도로 낮은 지적 수준을 가진 사람이라면, 어느 정도의 위험은 감수하고, 일단 시작하는 게 오히려 낫다.

쇼펜하우어가 말한 위험을 피할 방법을 찾아내는 건, 평범한 사람은 갖기 힘든 뛰어난 재능이라서 모두에게 기대할 수 있는 게 아니다. 그래서 그는 그 앞에 이 문장을 배치했다. "위험을 예측하는 것은 보통의 재능이다." 이유는, 보통의 재능인 위험을 예측하는 과정을 반복하다 보면, 그 반복을 통해서 위험을 피할 방법을 찾아낼 수 있는 뛰어난 재능까지 가질 수 있게 된다고 생각해서다.

불안하고, 어렵게 느껴진다고, 자꾸 시작을 미루면, 위험을 피할 방법을 찾아내는 뛰어난 재능의 소유자가 될 수 없다. 언제나 우리는 두려움을 동반한 시작을 통해 위험을 피할 방법을 찾아낼 수 있다. 다만, 같은 실수가 반복되며 잘못된 길에 들어섰다는 게 증명되었음에도, 자기의 성실성이나 재능을 드러내려고, 억지로 버티면서 끝까지 가려고 한다면, 그건 욕심이라는 사실을 자각할 수 있어야 한다.

끝까지 의지를 꺾지 않고, 자신에게 유리한 정보만 가져와서 변명하고, 무리하게 일을 추진한다면, 그땐 어떤 후회로도 되돌릴 수 없는 결과를 만나게 된다. 이는 스스로 바다에 뛰어들어, 죽음을 선택하는 어리석음과도 같다.

"처음에는 어리석은 실수를 해도,

가벼운 부주의 정도로 지나칠 수도 있다.

하지만 실수의 경험을 통해서

실수에서 벗어날 방법을 배우지 못하고,

비슷한 실수를 반복하게 되면,

정말 어리석은 사람이 되어버린다.

이후에는 다시 처음으로 돌아가기 어렵다."

들어서 아는 건 진실이 아니니
언제나 보는 사람이 돼라

16

우리 귀는
진리가 들어오기에는
너무 작고,
거짓말이 들어오기에는
너무나 큰 문이다.

Arthur Schopenhauer

혼자 오랫동안 사색하며, 스스로 깨달은 진리이지만, 괴테나 니체 그리고 지금 소개하는 쇼펜하우어의 삶을 통해서 다시 강조되는 말을 하나 소개한다. "우리는 아는 만큼 볼 수 있지만, 보는 만큼 알 수 있다." 이 문장처럼 아는 게 중요하지만, 뭔가를 알기 위해서는 볼 줄도 알아야 한다. 본 것을 하나의 지식으로도 만들 수 있어서다. 그래서 지성의 핵심은 보는 것에 있다.

그러나 본다는 것은 생각처럼 쉬운 일이 아니다. 가장 높은 수준의 문해력에 도달해야, 비로소 무언가를 보며, 새로운 지식과 사실을 스스로 깨닫게 되기 때문이다. 그러니 볼 줄 모르는 사람들이 선택할 수 있는 건, 결국 '누군가에게 들어서 아는 것'뿐이다.

쇼펜하우어는 경고한다. "우리 귀는 진리가 들어오기에는 너무 작고, 거짓말이 들어오기에는 너무나 큰 문이다." 진리가 왜곡되지 않고, 사실 그대로 우리에게 도착하는 경우는 거의 없다. 그러므로 귀로만 배우는 사람은, 거짓과 왜곡된 지식을 얻게 될 가능성이 높다. 진리는 연약하고, 순결해서, 엇나간 열정을 가진 사람들에 의해서 심각하게 오염되니, 늘 주의해야 한다.

아무리 많은 것을 배워도, 늘 거짓에 속아 삶이 흔들리고, 중심을 잡지 못하고 있다면, 다음 3가지 사실을 늘 기억하라.

1. 사실을 전하려는 그 사람의 의도를 파악하라.
2. 어떤 목적으로 왔는지 관찰하라.
3. 진리는 두 눈으로 현장을 봐야 알 수 있다.

귀는 언제나 성급해서, 혼란한 상태에서 중심을 잡지 못하니, 조금 귀찮고, 힘들어도, 직접 가서 본인 눈으로 확인해야 한다. 보고,

스스로 느낀 과정에서 나온 것만 진실이라고 말할 수 있으니까.

"가장 정확하고, 신속한 정보와 진리는

두 눈으로 직접 찾아야 한다.

볼 줄 아는 힘을 길러라.

보는 힘이 곧 살아갈 힘을 결정한다.

진리는 언제나 눈으로만 담을 수 있다."

지혜로운 사람은
언어의 손잡이를 잡는다

17

칼을 제대로 다룰 줄 알아야 한다.
어리석게도 칼날을 잡으면 상처만 입지만,
손잡이를 잡으면 무기가 된다.

Arthur Schopenhauer

하루는 맛집을 소개하는 한 방송에서 '수플레 팬케이크'를 먹고, 얼마나 맛있는지 느낌을 표현하는 장면을 시청했다. 2명의 출연자가 나왔는데, 그들이 먹은 팬케이크는 같았지만, 나는 전혀 다른 기분을 느낄 수밖에 없었다. 이유는 간단하다. 한 사람의 표현은 그 맛을 정말 궁금하게 만들었지만, 다른 한 사람의 표현은 오히려 호기심을 완전히 사라지게 만들었기 때문이다.

후자에 대해서 먼저 소개하자면 이렇다. 그는 입에 팬케이크를 넣고, 잔뜩 만족한 표정으로 이렇게 표현했다. "팬케이크가 진짜 물컹물컹해요!" 순간, 나는 입맛을 완전히 잃었다. 이렇게 끔찍해 하면서. '세상에…… 물컹물컹한 팬케이크라니!'

하지만 전자의 표현은 다시 내 입맛을 돌게 만들었다. 그도 마찬가지로 행복한 표정으로 이렇게 말했다. "팬케이크가 진짜 폭신폭신해요!" '폭신폭신하다'에는 2가지 느낌이 공존한다. 하나는 '포근하고, 부드러운 느낌'이며, 나머지 하나는 '탄력'이다. 포근하거나 부드럽기만 하면, 매력이 떨어지지만, 거기에 탄력이 붙어서 '먹어 보고 싶은 맛'이 완성된다.

반면, '물컹물컹하다'에는 식욕을 이끌 수 있는 어떤 의미도 녹아 있지 않다. 폭신폭신하다고 표현한 사람은 언어의 손잡이를 잡았지만, 반대로 물컹물컹하다고 표현한 사람은 어리석게도 칼날을 잡은 셈이다. 중요한 건, 이들의 삶에서 이런 일이 매우 자주 일어날 거라는 사실이다. 두 사람 모두 행복한 표정으로 맛을 표현했지만, 결과는 완전히 달랐다. 그래서 '언어 센스'는 살아가는 데 정말 중요한 지능이다. 나도 모르게 나를 죽이는 독으로 작용할 수 있기 때문이다.

"어떤 상황에서도 유리한 쪽과

불리한 쪽이 있기 마련이다.

지혜로운 자는 상황에 맞는

근사한 언어를 활용해서

뭐든 자신에게 유리하게 만든다.

'언어의 칼날'이 아닌,

'언어의 손잡이'를 잡아야 하는 이유다."

인생을 바꾸는 좋은 친구를 선택하는 5가지 기준

18

세상에 자신을 넘어서
볼 줄 아는 사람은
아무도 없다.

Arthur Schopenhauer

좋은 친구를 사귀려면 어떻게 해야 할까? 하루 종일 즐겁게 마시고, 논다고, 친구가 될 수는 없다. 나이 마흔이 넘었다면, 이제 슬슬 이런 사실을 깨닫게 된다. "친구를 보면, 그 사람의 수준까지 짐작할 수 있다."

지혜로운 사람은, 결코 어리석은 사람과 친구가 될 수 없다. 그러므로 성공하기 위해서는 어떤 분야에서든 뛰어난 사람과 친구가 되어야 한다. 여기서 친구란, 우정을 나누는 사이일 수도 있지만, 지식과 지혜를 나누는 관계일 수도 있다.

나이는 별로 중요하지 않다. 내게 배움을 주는 모든 이를 친구로 대할 수 있다면, 만나서 대화를 나누는 도중에도 자연스럽게 친구의 지식과 지혜까지 내 안에 담을 수 있다. 여기에는 매우 중요한 메시지 하나가 있다. 배울 점이 많은 친구를 사귀면, 친구와 만나 시간을 함께 보내는 일이 멋진 수업이 된다는 사실 말이다.

쇼펜하우어가 강조한 것처럼, 세상에 자신을 넘어서 볼 줄 아는 사람은 존재하지 않는다. 안타깝게도 자기 수준만큼만 세상을 볼 수 있기 때문이다. 그래서 친구가 더욱 소중하다. 내가 볼 수 없는 세상을 보는 친구를 만날 수 있다면, 그를 만나서 인연을 맺는 것만으로도 더 높은 지성을 쌓을 수 있어서다.

좋은 친구를 만나는 건, 좋은 책을 읽는 것과 비슷하다. 책을 통해서 아직 내가 모르는 세계에 대한 지식과 사색을 접할 수 있는 것처럼, 친구를 통해서도 그런 요소를 배우고, 내면에 담을 수 있다.

즐겁게 친구를 만나는 자체만으로도 세련된 교양과 깊은 지성을 배울 수 있다면, 이 얼마나 근사한 일인가! 이에 쇼펜하우어는 다음에 소개하는 5가지를 갖춘 친구를 만나면, 당신의 인생도 좀 더 깊어진다고 조언한다.

1. 스승과도 같은 지성이 깊은 사람

2. 타인의 장점을 더 많이 보는 사람

3. 기쁨을 늘려주고, 불행을 함께 나누는 사람

4. 어떤 상황에서도 선하고, 진실한 사람

5. 사려 깊고, 인간의 도리를 아는 사람

필사할
문장

"사귄 기간이 길다고, 좋은 친구는 아니다.

만난 기간과 환경은 중요하지 않다.

스승과도 같아서, 만나면 만날수록

내 마음까지 깊어지고, 차분해지는

맑고, 진실한 사람과 친구가 되자.

좋은 친구는, 내가 사는 세상까지

좋은 공간으로 만들어준다."

고귀한 성품과 천재적인 재능을 가진
사람들이 잘 속는 이유

19

다른 사람과 대화를 나눌 때는
가능하면, 반박하지 않는 게 좋다.
사람을 화나게 하는 건 쉽지만,
내 입맛에 맞게 생각을 바꾸는 건
불가능에 가까운 일이기 때문이다.

Arthur Schopenhauer

"이상하네. 저 사람은 왜 자꾸 속지? 성품도 뛰어나고, 재능도
엄청난 사람인데." 자신이 이런 경우를 자주 경험하거나, 혹은 주
변에 이런 말을 자주 듣게 되는 사람이 있을 것이다. 평균 이상의
고귀한 성품과 천재적인 재능을 가진 사람들이, 도리어 세상 사람
들에게 더 잘 속는 이유가 뭘까?

쇼펜하우어의 말에 따르면, 이는 그들이 젊을 때 자주 나타나는 현상인데, 이들은 모든 인간이 자신처럼 고귀한 마음과 지성을 갖고 있다고 생각하기 때문에, 오히려 자주 사람들에게 속아 넘어간다. 물론, 결코 이들이 어리석은 게 아니다. 오히려 그 반대라고 생각하면 맞다.

고귀한 성품을 가진 사람들은 기준이 매우 높다. 저속한 사람들이 세워둔 그 이상의 기준으로 판단을 내려서 계산 착오가 생기는 것이다.

아예 기대를 하지 않는 것도 잘못이지만, 주변 사람들에게 너무 많은 기대를 하는 것도 자신에게 좋지 않다. 당신이 만약 주변 사람들에게 자주 속고 있다면, 너무 높은 수준으로 그들을 바라보는 당신의 시각에 문제가 있을 가능성이 높다. 더는 사람들에게 속지 않으려면, 쇼펜하우어가 강조한 다음 3가지를 반드시 기억해야 한다.

1. 인간의 5/6는 선천적으로 수준 이하의 존재이다.
2. 태어나면서부터 도덕적인 면모를 갖추고 나오는 사람은 없다.
3. 고귀한 성품은 결코 대중의 것이 아니다.

"주변 사람들에게 자꾸 속는 이유는,

그들을 바라보는 내 수준이 너무 높아서다.

사람들은 쉽게 변하지 않으며,

대부분은 평균 이하의 수준이라는 사실을

늘 기억해야, 속지 않고 살 수 있다."

주변에 수많은 귀인을 둔
사람들의 특징

20

어떤 분노나 질투 그리고 미운 감정을
말과 표정으로 드러내는 것은 매우 위험하며,
어리석고, 천박한 인성을 증명한다.

Arthur Schopenhauer

'내게는 왜 귀인이 나타나지 않을까?', '능력 있는 사람이 내 멘토가 되어 주면 좋겠다.'와 같은 생각을 하고 있는가? 사실, 귀인이나 좋은 멘토의 존재는 성장의 기본 조건이다. 주변에 그런 좋은 귀인과 멘토가 많은 사람을 보면, 이런 놀라운 공통점이 하나 있다. 바로 '뭐든 간결하게 말할 줄 안다.'는 것이다.

상대가 유명하거나 성공한 이라면, 이 재능은 더욱 중요한 역할을 한다. 왜 그럴까? 그들에게 시간은 상대적으로 더 귀하고, 값진 재산이라서 그렇다. 일단 성공하거나 유명한 사람들은 너무 바빠서, 상대방의 이야기를 오랫동안 듣기 힘들다. 그래서 자신이 원하는 것이 무엇인지 짧고, 명확하게 말할 줄 아는 사람 주변에는 저절로 좋은 사람이 모인다. 반면에 말이 한없이 길어지고, 흐릿해지면, 주변에 시간만 많은 사람만 모일 가능성이 높다. 이 차이를 아는 게 매우 중요하다.

짧고, 선명하게 말하는 방법에 대해서 쇼펜하우어는 이런 조언을 남겼다. "아무리 좋은 말도 중간에 끊지 못하고, 계속해서 길어지면, 결국 사소한 말이 된다. 반대로 아무리 시시한 말이라도, 이런 방식으로 간결하게 말할 수 있다면, 생각보다 좋은 대화를 나눌 수 있다." 다음 5가지 사항을 실천하면, 저절로 앞에 소개한 것처럼 말할 수 있게 된다.

1. 상대를 자극하지 않는다.
2. 다양한 에피소드를 섞지 않는다.
3. 요점만 간추려서 전달한다.
4. 소식을 공유한다는 느낌으로 말한다.
5. 설득이 아닌 설명을 한다.

쇼펜하우어가 지적한 것처럼, 세상에는 상대방에게 감동을 주기보다는 세상을 시끄럽게 만드는 일에 관심이 더 많은 사람이 있다. 이런 사람들의 이야기는, 필연적으로 거추장스러운 말들로 꾸며져 있을 가능성이 높다.

간결하고, 짧게 말해야 좋다고 하니, 이런 오해를 할 수 있다. '짧게 압축해서 말하라는 건, 좀 냉정하고 계산적인 사람이 되라는 건가?' 전혀 그렇지 않다. 오히려 간결하게 말할 줄 아는 사람들이, 더욱 사람을 사랑하는 사람들이다.

필사할
문장

"사랑의 마음이 있기에
나의 욕망을 최대한 억제할 수 있고,
상대의 시간을 최대한 아껴주려는
좋은 마음도 가질 수 있다.
간결한 말은 사랑에서 나오며,
그렇게 나온 말은 귀인을 부른다."

사려 깊은 사람들의
감정에 휩쓸리지 않고 사는 법

21

어느 특정한 성격을 지닌 사람을
영원히 피할 수 있는 사람은 행운아다.
대부분의 사람은 피할 수 없어서
견디는 법을 배우며, 인내심을 기른다.

Arthur Schopenhauer

사려 깊은 사람으로 살고 싶다면, 가장 먼저 고집을 버려야 한
다. '고집스러운 말'을 버리는 것도 중요하지만, 완고하게 본인의
생각을 주장하려는 '고집스러운 태도'는 최악이니, 당장 버려야
한다. 말보다 행동이 더 큰 위험을 불러오기 쉽기 때문이다. 게다
가 완고한 사람들은 대부분 주변의 가득한 정보나 지혜를 받아들

이지 않아서 굉장히 무지하므로, 상대의 옳은 말에도 아무 거리낌 없이 반박하면서, 이익을 따져보지도 않고 싸움을 건다.

다들 풍부한 경험이 있어서 잘 알고 있겠지만, 그들은 마치 세상 사람과 다투기 위해 사는 존재처럼 느껴진다. 그런 어리석고, 무지한 인생에서 벗어나고 싶다면, 사려 깊은 사람들이 어떻게 생각하고, 행동하는지 알아야 한다. 그들에게는 이런 6가지 특징이 있다.

1. 스치는 감정에 자신을 맡기지 않고,
   언제나 이치에 맞는 쪽에 선다.

2. 정기적으로 가까운 미래를 예측하고,
   거기에 맞게 자신의 입장을 결정한다.

3. 경쟁자가 없어도 늘 탐구하며,
   자신의 현재를 확인한다.

4. 초등학생에게서도 뭔가를 배우고,
   실제로 일에 적용해서 성과를 낸다.

5. 통쾌한 감정을 느끼고 싶다는 목적으로
누군가를 비난하거나 복수하지 않는다.

6. 사람의 성격은 다양하다는 것을 알고 있어서
쉽게 분노하거나 판단하지 않는다.

"세상에는 비가 내릴 때만
어쩔 수 없이 쉬는 사람도 있고,
휴식이 필요할 때마다
스스로 내면의 공간에 비를 내리게 해서
자신에게 휴식을 허락하는 사람도 있다.
휴식 하나까지 스스로 제어하며 살자.
감정에 휩쓸리며, 세상이 시키는 일을 하는 게 아닌,
스스로 강력하게 원해서 시작한 일에
평생을 바치면, 일상이 농밀해진다."

나는 누구든 너무 짙은 화장을 한
사람을 보면 허무해진다

22

내가 품은 생각이 진실에 가까울수록
그리고 순수하고, 선량한 마음일수록
상대에게 쉽게 전해지지 않는다.

Arthur Schopenhauer

쇼펜하우어의 말처럼 진실은 전하기 어렵다. 그래서 지금도 수 많은 사람이 '왜 나의 진심을 몰라주는 걸까?'라는 고민을 하고 있 다. 반면에 적개심은 굳이 표현하지 않아도, 그저 서로를 바라보는 것만으로도 쉽게 전해진다. 이게 인생의 진리다. 놀랍게도 우리들 삶에 적개심이 가득한 이유가 바로 여기에 있기 때문이다.

한편, 진실과 순수, 선량한 마음과 같은 고귀한 것들은 상대에게 쉽게 전해지지 않아서, 전할 방법과 표현을 아주 오랫동안 고심해야 한다. 수준 높은 언어 구사력을 가진 지성인이 매우 많은 시간을 투자해야, 내면에 품은 진실을 아주 조금이라도 상대방에게 전할 수 있다. 그만큼 진실을 전한다는 건 어려운 일이다.

혹시, 스스로 이런 질문을 해본 적이 있는가? "왜 유독 어떤 사람들은 자주 주변 사람들의 반감을 사는 걸까?", "마음은 그렇지 않지만, 자꾸 미움을 받고, 오해를 받는 이유는 뭘까?" 실제로 아무것도 하지 않았는데, 주변의 반감을 사는 사람이 있다. 답은 앞에 설명한 것처럼, 반감은 굳이 표현하지 않아도 자신을 드러내기 때문이다. 또 좋은 마음과 선량한 의도는 매우 섬세하게 표현해야, 겨우 전할 수 있다. 그래서 지적 수준이 낮은 사람은 자주 오해를 받게 된다. 그의 품성이나 태도가 나빠서가 아니라, 안타깝게도 좋은 마음을 분명하게 표현하지 못해서 그렇다. 그래서 우리는 점점 나이 들면서, 마음으로 세상을 볼 수 있는 능력을 길러야 최소한의 자존감을 지킬 수 있다.

최근 나는 이 문장을 오랫동안 사색하며 관찰했다. "나는 이제 높은 산에는 오르지 못한다." 이게 어떤 의미로 쓴 글인지 굳이 설명하지 않아도, 대부분 나이가 들면 현실로 마주하며, 깨닫게 된다. 그러나 이건 불행한 소식만을 의미하지는 않는다. 더는 산에

오르지 못한다는 사실은, 정상에서만 바라볼 수 있는 풍경을 이제 마음의 눈을 통해서 가장 낮은 곳에서도 볼 수 있는 경지에 올랐다는 걸 뜻하니까. 젊어서는 직접 몸을 움직여서 정상에 도착해야 볼 수 있는 것들을, 늙어서는 가만히 앉아서도 마음의 눈을 통해서 짐작할 수 있다. 하나의 문이 닫히면, 다른 곳에서 하나의 문이 열리듯, 몸의 힘이 약해지면, 마음의 힘이 강해진다.

내가 너무 짙은 화장을 보면, 허무한 감정이 든다고 말한 이유는, 자기의 가치를 잘 몰라서 자꾸만 화장을 더 짙게 하는 것으로 느껴져서 그렇다. 결코 화장이 나쁘다는 말이 아니다. 자신을 제대로 알고, 설명할 수 있다면, 포장지가 화려하거나 짙어질 필요가 없다.

"적개심을 가지는 것만으로도,

주변의 반감을 사고, 오해를 받게 된다.

그런 수준 낮은 감정은,

가만히 있어도 쉽게 전달되기 때문이다.

반대로 진실과 순수한 마음은 쉽게 전하기 힘들다.

그러니 더욱 분투하며, 마음으로 세상을 볼 수 있는

자기 삶의 지성인으로 거듭나야 한다."

상대가 아름다워질 수 있도록
시간을 허락하라

23

사람은 오랫동안 혼자 있을 때,
비로소 자기 자신이 될 수 있다.
만약 그가 고독을 사랑하지 않는다면,
그는 자유를 사랑하지 않는 것이다.
가장 자유로울 때가 바로
혼자 있을 때이기 때문이다.

Arthur Schopenhauer

　많은 사람이 고독의 중요성과 가치에 대해서 강조한다. 그럼, 쇼
펜하우어가 인간은 고독할 때, 가장 자유롭다고 말한 이유는 뭘까?
그리고 그의 말을 우리는 일상에서 어떻게 실천해 볼 수 있을까?
　나는 상대에게 혼자 생각할 기회를 주면서, 그의 말을 실천하
고 있다. 이를테면 나는 카카오톡 메시지가 왔다는 소리가 나면,

급하지 않은 경우, 최소 5분 이상 기다린 후에 확인한다. 화면에 뜬 메시지가 부정적인 뉘앙스를 담고 있는 표현일수록 최대한 읽지 않고 기다리려고 노력한다. 5분 동안에는 상대가 자신이 보낸 메시지를 스스로 삭제할 수 있어서다. 그가 스스로 만족할 만한 표현을 생각할 때까지, 혼자서 충분히 생각할 수 있도록 내 시간을 선물하는 것이다.

'굳이 그럴 필요가 있을까?'라는 생각을 할 수도 있다. 그런데 나는 참 놀라운 경험을 자주 한다. 실제로 그렇게 5분의 시간을 상대에게 선물하면, 20% 정도가 자신이 보낸 메시지를 지우고, 이전보다 아름다운 의미를 담은 내용으로 수정해서 다시 보낸다. 그 5분 동안 분노와 성급한 마음은 사라지고, 날카로운 표현은 부드럽게 정리된다. 그렇게 서로를 향한 기쁨은 배가 된다.

누구든 당장 실천할 수 있다. 오늘, 당신도 누군가에게 딱 5분만 선물해 보라. 누군가에게 스스로 아름다워질 기회를 허락하라. 잠시 혼자 생각할 수 있도록 딱 5분만 허락하면, 언제든 만날 수 있는 일상의 작은 기적이다. 당신이 부모라면 아이에게, 선생님이라면 학생에게, 직장 상사라면 부하 직원에게, 지금 바로 실천해 보라. 당장 간섭해서 그들을 제어하거나 판단하지 말고, 단 5분만 기다려보라. 그들 스스로 가장 아름다운 자신의 답을 찾을 때까지 말이다.

"누군가 많이 분노했다면,

혼자 생각할 수 있게 시간을 주라.

인간은 혼자 있을 때,

비로소 자기 자신이 된다.

세상에 자기 자신에게

나쁜 것을 주는 사람은 없다.

그가 자신의 아름다움을 찾을 수 있도록,

그대의 시간을 조금만 선물하라."

나를 진심으로 응원하고
사랑하는 사람을 구별하는 법

24

거짓된 친절과
어리석은 우정은
사는 내내 조심해야 한다.

Arthur Schopenhauer

SNS에 한 달 이상 글을 써본 사람이라면, 이미 알고 있을 것이다. 진짜 나를 응원하는 사람과 겉으로만 응원하고, 속으로는 시기하는 사람은, 나를 찾아오는 때가 다르다. 이를테면, 나를 진실로 좋아하는 사람들은, 간혹 내가 겸손한 마음을 담은 글을 썼을 때 나타나서 이런 댓글을 단다. "어쩌면 이렇게 겸손하기까지 하세요." 하지만 나를 은근히 시기하는 사람들은, 간혹 내가 자랑하는 내용의 글을 썼을 때 나타나서 이런 내용의 댓글을 쏟아낸다. "작가라면, 좀 겸손하셔야죠."

어떤 차이가 느껴지는가? 우리가 인생에서 소중하게 생각해야 하는 사람들은 바로 전자다. 그들은 나의 좋은 부분만 집중해서 바라보는 사람이라서, 내게 좋은 일이 생겼을 때는 축하해 주고, 내게 힘든 일이 생겼을 때는 격려하며, 따뜻한 응원의 말을 들려준다. 반대로 나를 시기하는 사람들은 내가 잘 안되기만을 바라기 때문에 질책하고, 트집을 잡을 수 있을 때만 포착해서, 빠르게 다가와 비난을 왕창 내뱉고 간다.

쇼펜하우어가 경고한 것처럼 거짓된 친절과 어리석은 우정은 사는 내내 조심해야 한다. 결국 세상의 이치는 간단하다. 좋은 점만 바라보는 사람에게는 그 사람의 장점만 보이고, 나쁜 점만 바라보는 사람에게는 그 사람의 단점만 보인다. 내게 좋은 일이 생겼을 때나 겸손한 마음을 담은 글을 썼을 때 나를 찾아와 좋은 마음을 남기는 사람은, 나를 진심으로 응원하는 사람이다. 반대로 나쁠 때만 찾아와서 지적만 하고 가는 사람은, 굳이 신경을 쓸 필요가 없는 자다.

"글에 대한 반응만 봐도,

그가 어떤 마음을 품고 있는지

아주 쉽게 짐작할 수 있다.

좋은 사람 눈에는 모든 것이 아름다워 보이고,

못된 사람 눈에는 모든 것이 더러워 보인다."

누가 봐도 수준 높은 사람으로 보이는 분위기는 어디에서 오는가

25

사람은 성숙한 만큼 완전해진다.
이후에 비로소 진지한 태도와
권위를 갖출 수 있게 된다.

Arthur Schopenhauer

"저 사람은 그냥 보기만 해도 수준이 높게 느껴진다.", "내가 범접하기 힘든 수준의 사람이라는 게 느껴져." 살다 보면, 이런 말이 절로 나오게 만드는 사람을 만날 때가 있다. 한마디 말만 들어도 지성이 느껴지고, 행동 하나만 봐도 기품이 흐르는 게 보인다. 과연 그들에게는 어떤 비결이 숨어 있는 걸까?

쇼펜하우어의 말처럼 사람은 성숙한 만큼 완전해지고, 이후에 진지함과 권위를 갖출 수 있게 되며, 마침내 누가 봐도 수준 높은 사람으로의 성장이 가능하다. 수준 높은 사람의 분위기를 갖고 싶다면, 그가 실제로 자신의 삶에서 실천을 통해서 깨달은 다음 5가지 방법을 읽고 사색해보라.

1. 제발 입을 조심하라.
2. 나날이 조금씩 새로워져라.
3. 기다림의 귀한 가치를 실천하라.
4. 화만 내는 사람이 되지 마라.
5. 고고함을 버리고, 형식에 매이지 마라.

이렇게 수준 높은 사람으로의 성장은 충분히 일상의 연습을 통해서 기를 수 있다. 쇼펜하우어가 "사람의 성격은 7년마다 변한다."고 말한 이유도 바로 여기에 있다. '7년마다 변한다는 것'은 반드시 7년이 되어야 변한다는 말이 아니다.

한낱 숫자에 얽매이지 마라. 그럼, 트집만 잡는 인생을 살게 된다. 중요한 건 그 과정에 있다. 핵심은 '7년 만에' 변하는 게 아니라, '7년 동안' 변해간다는 데 있다. 미세한 차이지만, 이게 무엇을 말하고 있는지 분명히 알아야 한다.

그래, 과정이다. 7년 동안 우리는 매일 아주 조금씩 자신을 변화시킬 수 있다. 눈에 보이지 않는 7년 동안의 변화를 통해, 마침내 7년이 된 날 완전히 달라진 자신을 만날 수 있다. 실천을 망설이거나 미루고 있다면, 오늘 하루도 7년 중 일부라는 사실을 기억하라.

"세월은 우리에게 주름과

처진 살은 넉넉하게 주지만,

지혜는 결코 공짜로 주지 않는다.

세상의 모든 좋은 것은

'일상의 노력'을 선물로 내야

훗날 손에 쥘 수 있다.

지금 내 수준이 낮다고 한탄하지 마라.

충분히 노력으로 극복할 수 있다."

김종원의 세계철학전집
✕
쇼펜하우어 for 자존감

3장

성장

: 멈추지 않고 전진하는 지적인 도전

Arthur Schopenhauer

꾸준히 잘나가는 사람들의
특징

26

현재 당연하다고 생각되는 모든 진실은
다음 3가지 과정을 치열하게 겪었다.
첫째, 심각하게 조롱당했고,
둘째, 강력한 저항을 받았으며,
그렇게 셋째, 당연한 것으로 받아들여졌다.

Arthur Schopenhauer

우리를 찾아오는 모든 고통과 슬픔은 사실 즐거운 소식이다.
그건, 내가 살아서 무언가를 추구하고 있음에 만날 수 있는 기쁨
이므로. 이를테면, 자신이 쓴 글로 인해서 고통을 느끼는 이유는,
글을 잘 쓰려는 욕망이 마음 속에 있기 때문이고, 말로 고통을 느
끼는 이유 역시, 말을 잘하고 싶다는 욕망이 내면에 있어서다.

우리는 끊임없는 투쟁으로 자신이 살아온 성장의 역사를 증명할 수 있다. 다만, 그 성장이 연속적으로 이루어지는 경우는 별로 없다. 물론, 성장도 중요하다. 하지만 일시적인 상승보다는 지속해서 나아져야 인생에 더 큰 의미가 있다.

이에 쇼펜하우어는 이렇게 강조한다. 꾸준히 잘나가는 사람들은 심각하게 조롱당하는 과정을 오히려 즐겼고, 강력한 저항을 탄탄한 자존감으로 이겨냈으며, 마침내 사는 내내 원하는 바를 모두 이루며 살았다고 말이다. 그들의 태도를 7개로 정리하면 이렇다.

1. 자랑을 거의 하지 않는다.
2. 감사하다는 말을 자주 한다.
3. 현재에 안주하지 않는다.
4. 더 나은 게 있다고 확신한다.
5. 보기만 해도 내일이 기대된다.
6. 주변 사람들의 응원을 받는다.
7. 정성을 담아 댓글을 쓴다.

무언가를 하는 사람에게 반발과 저항은 당연한 것이다. 하지만 꾸준히 성장하는 사람들은, 위에 소개한 7가지 태도로 그 모든 저항을 멋지게 이겨냈다. 한번 생각해 보라. 별은 왜 빛나는 걸까?

별이 빛나는 이유는, '우리가 빛나는 것에만 별이라는 이름을 붙여서'다.

인간의 성장도 마찬가지다. 모든 인간은 저마다의 이유로 모두 빛난다. 스스로 그걸 믿지 않고 있을 뿐이다.

"오늘도 자신의 빛을 믿고, 사랑하라.

그럼, 나도 오늘부터 별처럼 빛나는 거다.

세상과 다른 사람의 조롱은

조금도 신경 쓸 필요가 없다.

나는 인생이라는 우주에서 빛나는

단 하나의 유일한 별이다."

뭘 해도
잘 안되는 시기가 있다

27

돈과 물질은 바닷물과 같아서
더 마시면 마실수록
오히려 갈증만 심해진다.

Arthur Schopenhauer

뭘 해도 잘 안되는 시기가 오는 이유는 뭘까? 쇼펜하우어의 말
처럼 돈과 물질은 마시면 마실수록 갈증만 심해지기 때문이다. 자
신이 현재 이룬 것에 만족할 수 없으니, 결국 무기력한 시간이 찾
아오고, 뭘 해도 잘 안되는 시기를 만나게 된다.

이때가 정말 중요하다. 누군가는 그 시간을 헛되이 소모하며 버리고, 다른 누군가는 온전히 즐기며, 차곡차곡 자신이라는 세계에 의미 있는 것들을 쌓는다. 다음에 소개하는 7가지 삶의 태도를 천천히 낭독하며, 필사해 보라. 소모하는 삶과 온전히 즐기는 삶에 어떤 결정적인 차이가 있는지 쉽게 찾아낼 수 있을 것이다.

1. 처음으로 다시 돌아가서 과거를 바꿀 수는 없다.
   하지만 누구든 지금 새롭게 시작해서,
   이번에는 좀 더 근사한 현재를 만들어낼 수 있다.

2. 자신에게 주어진 소중한 시간 전부를
   숨겨진 능력을 끌어내는 데 투자해야 한다.
   남을 비난하고, 악플이나 쓰며,
   인생의 사치를 부릴 여유가 없다.

3. 세상에서 가장 뛰어난 지성인은
   온갖 지식을 많이 아는 사람이 아니라,
   하나라도 지금 실천하는 사람이다.
   그렇게 실천한 그 하나가 내 인생을 대표한다.

4. 행복은 다른 곳에서 찾는 게 아니라,

지금 여기에서 느끼는 것이다.

느낄 수 있는 감각이 없는 자에게는

행복이 찾아오지 않는다.

5. 쉽게 주저앉거나 포기하지 마라.

　힘들고, 지쳐도, 매일 시작할 수 있다면,

　나의 가장 좋은 시절은 아직 오지 않은 것이다.

　늘 시작할 수 있다면, 늘 기회를 가질 수 있다.

6. 복잡한 건 나의 생각이지, 인생이 아니다.

　완벽해지려는 마음만 버리면,

　뭐든 잘할 수 있는 기회를 얻을 수 있다.

　완벽해지려는 욕심 때문에

　잘할 수 있는 기회를 놓치지 마라.

7. 내가 언제 반짝이는지 알고 있어야 한다.

　가장 다정한 눈으로 자신을 지켜보라.

　그리고 언제 가장 반짝이는지 발견하라.

　나 자신에 대한 관심이

　곧 나의 자존감을 결정한다.

"가끔, 자꾸 지하로 들어가는 기분이 들지?

그땐 스스로 멈춰야만 해.

힘들지만, 그래도 내겐 나밖에 없으니까.

죽고 싶어도 루틴을 잊지 말고, 반복해.

결국 반복이 널 다시 살게 해줄 거야.

매일 '나는 된다.'는 생각만 해.

희망까지 버리면, 정말 다 끝이니까.

넌 뭐든 될 자격이 충분해.

그것만 믿어."

늘 사랑받고 살면서
좋은 일만 생기는 사람들의 작은 비밀

== 28 ==

인간은 오직
자기 지성의 척도에 비례하여
다른 이를 파악하고,
이해할 수 있다.

Arthur Schopenhauer

정말 작은 비밀이다. 아주 간단해서 그렇다. 세상에는 수많은 커뮤니티가 있는데, 종류도 추구하는 방향도 모두 다르다. 이를테면, 아이를 우등생으로 키우기 위해 노력하는 부모들이 모인 온라인 커뮤니티가 있다고 해보자. 그런데 늘 주변의 미움을 받고, 안 좋은 소식만 들리는 사람들은 굳이 그 커뮤니티에 찾아와서 이런 글을 남긴다. "아이들이 너무 힘들겠네요. 그 나이에는 마음껏 놀고, 공부는 적당히 하는 게 좋지 않을까요?^^"

반말도 사용하지 않았고, 못된 표현도 하지 않았고, 마지막에 웃는 이모티콘까지 남겼지만, 이 커뮤니티에 속한 사람 중에서 그의 존재를 반기는 사람은 한 명도 없을 가능성이 높다. 이유는 간단하다. 추구하는 삶의 가치가 다른 곳에 와서, 굳이 남기지 않아도 될 글을 남겼기 때문이다.

사랑도 센스다. 이런 부류의 사람은, 자신도 모르게 매일 주변 사람들의 미움을 받고 살게 된다. 미움만 쌓이니 그 인생에 좋은 일이 일어날 수가 없다. 하지만 늘 사랑받으며, 좋은 소식이 끊이지 않는 사람은, 이런 아주 작은 비밀을 알고 있다. 크게 5가지로 압축하면 이렇다.

1. 자신이 무엇을 원하는지 확실히 안다.
2. 자신이 어디로 가야 하는지 알고 있다.
3. 자신이 머무는 공간이 무엇을 하는 곳인지 안다.
4. 사람들의 생각이 매우 다양하다는 걸 안다.
5. 삭제될 글을 쓰지 않고, 잊힐 말을 하지 않는다.

자신이 무엇을 추구하는지 알고, 그게 어디에 있는지 알며, 자신이 머무는 공간이 어떤 곳인지 아는 사람은, 늘 사랑받고 살면서, 좋은 소식만 만나게 된다.

"모든 것이 결국 센스다.

때와 상황에 맞는 말과 글만이

내 생각을 빛나게 해준다.

나는 무엇을 추구하는가?

그건 어디로 가면 만날 수 있나?

이 질문을 품고 산다면,

늘 사랑받고 살면서

인생을 행복하게 즐길

최고의 센스를 기를 수 있다."

한 번 실망한 사람에게는
결국 계속해서 실망하게 된다

29

인간의 사교는 사교를 위해서가 아니라,
단지 고독이 두려워서 선택한 것이다.

Arthur Schopenhauer

　'모든 사람과 잘 지내고 싶다.', '더 많은 사람에게 좋은 사람이 되고 싶다.' 이런 마음은 욕망과도 같아서, 오히려 자신에게 좋지 않다는 사실을 알면서도, 쉽게 포기하지 못하는 이유는 뭘까? 쇼펜하우어의 말처럼 인간의 사교는 대부분 사교가 아닌, 고독이 두려워서 선택한 것이라서 그렇다. 고독해지고 싶지 않기 때문에 모든 사람에게 좋은 사람이 될 수 없다는 사실을 알면서도, 자꾸 더 많은 사람에게 인정받고, 사랑받으려고 노력하는 것이다. 가장 큰 문제는 그런 의지가 인연을 함부로 맺게 만든다는 사실에 있다.

우리 주변에는 자신에게 나쁜 말을 하며, 뒤에서 험담을 하는 사람까지 끊지 못하고, 억지로 안고 가는 사람이 있다. 끊어야 할 관계를 제때 끊어내지 못하면, 나중에는 더 큰 고통을 겪어야 한다. 하지만 그들은 어리석게도 상대방이 준 상처를 스스로 지우며, 다시 그들에게 기회를 주고, 또 상처받기를 반복한다. 물론, 믿음을 준다는 건 아름다운 일이다. 그러나 믿음은 받을 가치가 있는 사람에게 줘야 아름답다.

실제로 함부로 믿음을 남발하며, 우리는 극심한 고통을 경험하게 된다. 고독이 두려워서 사교를 선택한다는 뉘앙스의 표현을 실제로 쇼펜하우어의 글에서 자주 만날 수 있다. 이번 책에서도 유사한 그의 말을 내가 반복해서 강조하는 이유는, 살면서 정말 중요한 부분이라서 그렇다. 건강한 관계를 맺고, 좋은 인연을 만나고 싶다면, 이 사실을 꼭 기억해야 한다.

1. 세상에 내게 꼭 맞는 좋은 사람은 별로 없다.

2. 나쁜 사람은 쉽게 좋은 사람이 되지 못한다.

3. 한 번 실망한 사람에게는 결국 계속해서 실망하게 된다.

4. 기회를 아무리 줘도, 사람은 쉽게 나아지지 않는다.

5. 남에게 줄 기회를 자신에게 주는 게 지혜롭다.

착한 사람들은 자신이 받은 상처를 쉽게 잊고, 오히려 자신을 속이거나 배신한 사람들에게 기회를 반복해서 준다. '내가 너무한 게 아닐까?', '그래도 사람을 믿어야지.' 이런 생각으로 내게 상처를 준 상대방을 용서하고, 다시 받아들인다. 하지만 이제 자신을 위해서라도 그런 삶에 안녕을 고하는 게 좋다.

필사할
문장

"함부로 맺은 인연은 언제나
내게 짐작할 수 없는 고통을 준다.
다정한 마음과 순결한 믿음은
함부로 아무에게나 주는 게 아니다.
내 진심을 받을 가치가 있는 사람에게
소중한 나의 마음을 허락해야 한다."

무의식을 활용하면
뭐든 가능하게 만들 수 있다

30

행복의 2가지 적은
바로 '고통'과 '지루함'이다.

Arthur Schopenhauer

　당신의 몸무게는 어느 정도인가? 참 놀랍게도 인간은 자신의 엄청난 무게를 의식하지 못한 상태로 평생을 아무렇지도 않게 살고 있다. 하지만 더 놀라운 사실은, 자신의 무게보다 적게 나가는 다른 물체를 옮기려고 할 때에는 오히려 무게를 생생하게 느끼며, 힘든 감정을 갖게 된다는 것이다.

여기에서 우리는 이런 사실을 하나 알게 된다. 우리의 힘은 생각보다 크고, 잠재력도 짐작할 수 없을 정도로 막강하다. 죽는 날까지 매일 자신의 무거운 몸을 움직이며, 무언가를 하고 있으니까. 이게 바로 무의식이 가진 힘이다. 평소에 쉽게 도전할 수 없다고 느꼈던 일도 당연히 할 수 있다고 생각하면, 놀랍게도 수월하게 해낼 수 있다.

　생각해 보라. 매일 아침에 눈을 떠 몸을 일으켜 이동해서 식사를 준비하고, 간혹 가벼운 조깅이나 운동까지 한다는 건, 그야말로 무게의 관점에서 보면 기적에 가깝다. 10kg 정도 나가는 물체만 들어도 이동이 쉽지 않은데, 적게는 그 무게의 5배, 많게는 10배에 가까운 몸을 24시간 제어하며, 움직일 수 있다는 건 생각할수록 더 놀라운 일이다. 그 놀라운 힘의 가치와 크기를 짐작하며 살 수 있다면, 인생에서 더 많은 걸 발견할 수 있다.

　좀 더 극단적인 예를 들자면, 우리는 보통 새는 당연히 날 수 있다고 생각하는데, 이렇게 바꿔서 접근할 수도 있다. 새는 날 수 있어서 하늘을 나는 게 아니라, 스스로 날아갈 수 있다고 믿어서 날 수 있는 것이다. 그런 식으로 무의식을 활용하면, 좀 더 많은 일을 해낼 수 있다.

"된다고 생각하면, 결국에는 된다.

힘들다는 생각이 나를 힘들게 만들고,

어렵다는 생각이 해결할 수 없게 만든다.

내 안에는 나도 짐작할 수 없는

막강한 힘이 존재한다.

나를 소모하며, 억지로 살지 말고,

나를 온전히 사용하며, 지혜롭게 살자."

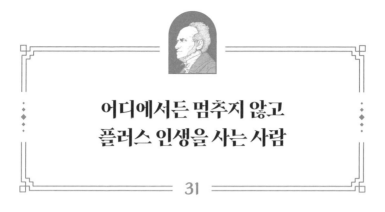

어디에서든 멈추지 않고
플러스 인생을 사는 사람

31

빈약한 내면이
곧 무기력의 근원이다.

Arthur Schopenhauer

　여기, 비슷한 기간 동안 같은 회사에 다니다가 동시에 퇴사하는 2명의 직원이 있다. 그들은 마지막 날 자신에게 이렇게 말한다.

　A: 나는 이 회사에서 참 얻은 게 많지.

　B: 나는 이 회사에서 시간만 버렸어!

장면을 바꿔서, 대학에서 같은 교수에게 수업을 받았던 2명의 학생이 있다. 그들은 졸업하는 날, 스스로에게 이런 이야기를 들려주었다.

A: 나는 교수님께 참 많은 걸 배웠지.

B: 나는 학교에 다니면서 시간만 낭비했어!

이게 과연 일부에게만 일어나는 특별한 장면일까? 가정에서도 마찬가지다. 같은 부모에게서 자랐지만, 어떤 사람은 "나는 부모님에게 정말 많은 것을 받았지."라고 말하는 반면, 어떤 사람은 "나는 부모님에게 받은 게 하나도 없어!"라고 한다. 대체 이유가 뭘까?

성장의 관점에서 볼 때, 세상에는 두 사람이 존재한다. 하나는 좋은 점만 바라보는 사람, 나머지 하나는 나쁜 점만 바라보는 사람이다. 전자는 어디에 가든 배울 점만 바라보고, 후자는 비난할 점만 바라본다. 그럼 어떻게 될까? 전자는 내면에 배운 것만 쌓이고, 후자는 비난한 것만 쌓인다. 이게 반복되었을 때, 그 삶은 대체 얼마나 달라질까?

물론, 단점도 지적해야 하고, 나쁜 점도 볼 줄 알아야 한다. 하지만 이 사실은 잊지 말자. 어디에서든 멈추지 않고, 플러스 인생을 사는 사람들은 내면의 힘이 강하다는 특징이 있다.

쇼펜하우어의 말처럼 모든 인간이 가진 내면의 수준은 결국 자신이 자주 보고, 듣고, 느낀 것의 합이다. 나쁜 것과 부정적인 것만 내면에 담은 자는 결국 무기력에 빠질 수밖에 없다. 마이너스 인생을 살게 되는 것이다. 이 상황을 역전해서 플러스 인생을 살고 싶다면, 내가 보고, 듣고, 느낀 것이 곧 나의 내면의 수준을 결정하니, 더 고귀하고, 빛나는 것을 보려고 노력해야 한다.

필사할
문장

"사랑에 빠진 사람을 보면서도
사람들은 제각각 이렇게 생각한다.
'나는 저 사람을 통해 사랑의 가치를 배웠어.'
'역시 사랑은 최악의 시간 낭비야.'
세상을 바라보는 내 시선은 내 일상을 만들고,
그렇게 하루하루 모인 일상이
결국 내 운명을 결정한다."

모든 내용을 이미 알고 있지만
다시 보게 만드는 '명작의 힘'

32

모든 위대한 책을 읽는 것은
과거의 가장 위대한 사람들과의
멈추지 않는 지적인 대화와 같다.

Arthur Schopenhauer

이 파트의 본래 제목은 이랬다. '명작은 시작과 과정 그리고 결말까지 모두 이미 알고 있지만, 다시 처음부터 감상하게 만든다' 하지만 제목이 너무 길다는 편집자의 요청으로 지금처럼 변경했다. 사실 처음부터 이렇게 되리라고 짐작했다. 그럼에도 내가 제목을 길게 쓴 이유는 뭘까? 이것이 명작의 가치를 설명할 수 있는 가장 짧은 한 줄이라고 생각해서였다.

혹시 이런 생각을 해본 적이 있는가? '왜 명작은 다시 감상해도, 또 새로운 감동을 주는가?' 그건 바로 그림과 책 그리고 건축과 음악 등 온갖 예술 작품에 녹아 있는 텍스트가, 자신을 감상하는 사람에게 매번 새로운 감동을 선물하는 덕분이다.

하루는 매우 우연한 기회로 1990년에 나온 영화 〈귀여운 여인(Pretty Woman)〉을 무려 개봉 34년 만에 처음 감상하면서, 보는 내내 근사한 대사에 놀라, 매우 많은 메모를 했던 기억이 있다. 당시에 나는 이런 후회를 했다. '이 영화를 개봉 당시에 봤다면 얼마나 더 좋았을까?' 하지만 이내 나는 그 시절, 이 영화를 아무리 집중해서 봤더라도 달라질 건 별로 없었을 거라는 결론을 냈다. 이유는 간단하다. 지금에서야 경탄할 만한 부분이 보이는 것이지, 그때의 내 수준으로는 그 대사가 어떤 의미를 담고 있는지 발견하지 못했을 가능성이 높기 때문이다.

이를테면 이런 것이다. 사업가인 남자 주인공이 콜걸로 나온 여자 주인공에게 일주일 동안 함께 있는 대가로 얼마를 주면 되겠냐고 묻자, 한참 고민하던 그녀는 그 시기로는 꽤 큰 금액인 '3,000달러'를 부른다. 그러자 그는 잠시 흥정을 하는 척하다가, 그녀가 부른 금액을 주기로 한다. 모든 협의가 끝나자 여자는 남자에게 이렇게 고백한다. "사실 저는 2,000달러만 줬어도 당신의 제안을 수락

했을 거예요." 하지만 그 말을 들은 남자는 따뜻한 미소를 지으며, 이렇게 응수한다. "난 당신에게 4,000달러도 줄 수 있었어요."

　짧은 시간 동안 두 사람이 나눈 대사를 음미하며, 참 많은 생각을 했다. 그저 사랑과 연인이라는 범주에서 벗어나, 예술과 배려, 고독과 태도 그리고 성장이라는 키워드가 나를 스쳤다. 만일 그 대사를 이 영화가 처음 나왔을 당시 들었다면, 아마 특별한 영감을 느끼지 못했을 가능성이 높다. 그래서 나는 쇼펜하우어가 말한 것처럼, 명작은 오랫동안 남아서, 그 사람이 가진 크기에 맞는 영감과 가르침을 준다고 하는 데 동의할 수밖에 없었다.

"우리 모두의 하루는 다 명작이다.

다만, 각자 가진 지성의 크기에 맞는

깨달음을 가져갈 뿐이다.

세상은 모든 것을 주지만,

우리는 가질 수 있을 만큼만 갖게 된다.

그게 바로 더 큰 사람이 되어야 하는 이유다."

당신의 가치와 가격은
원하는 대로 스스로 결정하라

=== 33 ===

스스로를 과하게 칭찬하는 건
허영심에서 오는 것이고,
반대로 남들 앞에서 자신을 나무라는 건
어리석은 마음에서 오는 것이다.
이게 자신에게 최악인 이유는
사람들은 말하는 사람의 어리석음이 드러나면,
듣기 싫어서 떠나기 때문이다.

Arthur Schopenhauer

세상에는 자신을 너무 과대평가하는 사람도 있고, 반대로 과소평가하는 사람도 있다. 쇼펜하우어는 둘 다 최악이라고 말한다. 자신을 과대평가, 혹은 과소평가를 하는 이유는 어리석기 때문이며, 세상 그 누구도 어리석은 사람의 이야기는 듣고 싶어 하지 않기 때문이다.

자, 세상을 한번 보자. 지금도 모두가 각자 무언가를 만들고, 그걸 세상에 팔아서 생긴 돈으로 생계를 유지하고 있다. 온갖 다양한 서비스, 요식업, 유통, 출판 등 모든 분야가 마찬가지다. 그런데 많은 사람이 '이 부분'에서 너무 심각하게 타인의 눈을 의식한다. 바로 '가격'을 정할 때이다. 이런 마음 때문에 쉽게 가격을 정하지 못하거나, 그렇게 정한 이유를 과도하게 설명하려고 한다. '혹시 내가 너무 돈을 밝힌다고 생각하면 어쩌지?', '돈 때문에 내 좋은 의도가 지워지는 건 아닐까?', '이러면 다들 나를 욕하고, 비난하는 게 아닐까?'

이런 고민을 하는 사람에게, 나는 분명하게 이렇게 말하고 싶다. "왜 자신의 가치를 스스로 정하고, 세상에 당당하게 요구하는 일에, 그 과정에 참여하지 않았던 다른 사람들의 눈치를 보나?"

자신의 치열한 과정을 가장 잘 아는 사람은 자기 자신, 한 사람뿐이다. 자꾸만 타인을 의식하는 건, 고생한 자신에 대한 예의가 아니다. 자신을 과대평가하거나 과소평가를 하는 어리석은 일상에서 벗어나, 누구보다 힘들었던 자기 자신에게 먼저 고마운 마음을 전하라. 당신의 자신감은 바로 그 치열했던 과정에서 나오는 거니까.

"어느 누구도 신경 쓰지 말고,

당신이 원하는 가격을 불러라.

좋은 의도를 의심할 사람은

당신이 뭘 해도 의심할 것이고,

좋은 의도를 알아주는 사람은

뭘 해도 마음으로 안아줄 것이다."

선한 의지를 갖고 있다면
더욱 실력을 키워라

34

인간이 가진 모든 욕망의 바닥에는
불만, 결핍 그리고 고통이 녹아 있다.
원하는 것을 모두 가질 수 있다고 해도
인간은 다시 심각한 허무와 권태에 빠지며,
고통과 권태 사이를 오가게 된다.

Arthur Schopenhauer

인생이 주는 가장 큰 기쁨을 즐기며 사는 사람은 누굴까? 자신을 도와줄 사람이 많아서 의지할 곳이 많은 인생일까? 오히려 그 반대다. 다른 사람에게 의지하며 살기보다는, 남에게 의지할 곳이 되어주고, 남이 기댈 만한 든든한 어깨를 가진 사람이 살면서 더 큰 기쁨을 발견할 수 있다. 그래서 쇼펜하우어는 당신에게 만약 선한 의지가 있다면, 실력을 키우라고 조언하는 것이다. 현실적으로 지금 실력을 가진 사람이 언제든 선행을 베풀 수 있고, 선한 의지를 더 쉽고 빠르게 전할 수 있어서 그렇다.

물론 당신의 생각도 맞다. 마음을 주는 것도 참 소중한 일이다. 하지만 실질적인 힘을 주고 싶다면, 눈에 보이는 무언가를 주는 게 더 좋다. 그래서 세상에 아름다운 것을 주고 싶다면, 조금이라도 빠르게 실력을 키워야 한다.

쇼펜하우어의 말처럼 인간이 가진 모든 욕망의 바닥에 불만과 결핍 그리고 고통이 녹아 있는 이유는 뭘까? 의지만 있고, 정작 그 의지를 펼칠 실력은 없기 때문이다. 그러니 삶이 계속 힘들어지며, 고통스럽다.

다시 말하지만, 실력이 없는 사람도 누군가를 도울 수 있다. 하지만 그건 매우 이상적인 이야기다. 아무리 강하게 "파이팅!"을 외친다고 해서, 실제로 힘이 나는 건 아니다. 중요한 건, 도움을 받은 그 사람이 '얼마나 현실적인 이익과 가치를 느끼고 있느냐'여서다.

당연히 가진 게 얼마 없어도 충분히 나눌 수 있다. 하지만 실력을 갖춘다면, 스스로 불만과 고통의 늪에 빠지지 않을 수도 있으며, 마음만 먹으면 언제든 더 풍성하게 세상과 나눌 수 있다. 그래서 좋은 마음을 가진 사람일수록 더욱 자기 발전에 힘을 쏟아야 하는 것이다.

"세상에 아름다운 뜻을 가진 사람은 많다.

하지만 그 뜻을 전하려면 실력이 필요한데,

실력을 갖추려고 노력하는 사람은 별로 없다.

세상이 아름답지 않다고 불평하지 말고,

그런 세상을 만들기 위해 먼저 실력을 갖추어,

의지할 수 있는 어깨를 가진 사람이 돼라."

노년에도 당당한 삶을 사는 사람은 3가지가 다르다

35

어떤 노인은 세상이 주는 선물을
하나도 받지 않고 살아서,
마치 산송장처럼
존재의 의미 없이 살고 있다.

Arthur Schopenhauer

노년에 가난해진다는 건 커다란 불행이다. 그러나 쇼펜하우어
가 말하는 가난은 물질적인 게 아니다. 물론 부유한 삶도 중요하
다. 하지만 그는 세상이 주는 선물을 더 많이 받고 살 수 있어야,
산송장이 아닌 당당한 한 사람의 인생을 살아갈 수 있다고 강조했
다. 구체적인 방법에는 어떤 것이 있을까? 그는 다음 3가지를 강조

하며, 사라지는 시간보다 값진 오늘 하루를 보내라고 조언한다.

1. 이야기 나눌 사람을 곁에 두라.

노년에 이르면, 구경을 하거나 여행을 통해서 배우려는 욕구는 점점 사라지고, 누군가를 가르치거나 이야기하려는 욕구가 생긴다. 그간 쌓은 것을 주변과 나누려는 마음이 들어서 그렇다. 그럴 때, 함께 즐겁게 대화를 나눌 수 있는 사람을 곁에 두는 게 좋다.

2. 예술과 친구처럼 교류하라.

지금까지 몰랐던 어떤 분야에 대한 연구나 음악과 각종 예술에 대한 취미는, 인생을 더욱 멋지게 즐길 수 있게 해준다. 연주나 그림을 그리는 것, 시를 쓰면서 사는 것도 하나의 행복이 될 수 있다.

3. 후회나 슬픔에 잠기지 마라.

인간의 일생은 본래 길지도 짧지도 않다. 길다거나 짧다고 하는 것은 모두, 다른 시간을 측정하는 척도에서 하는 말이다. 그러니 인생이 얼마 남지 않았다는 말에 슬퍼하거나, 가치 있게 살지 못했다는 생각에 후회하지 마라.

쇼펜하우어는 이렇게 '사람'과 '예술' 그리고 '감정'이라는 키워드를 통해서, 세상이 주는 값진 선물을 받으며 살 수 있다고 생각했다. 노년은 참 중요한 시기다. 젊은이는 언제나 삶을 바라보고, 노인은 죽음을 바라본다. 슬픈 사실이지만, 늙으면 오직 죽음만 기다리게 된다. 그 와중에도 노년에 당당하게 살고 싶다면, 그런 세상의 기준은 빠르게 버리고, 대신 이런 마음으로 살아보라.

"나는 내게 주어진 오늘에 최선을 다한다.

좋은 사람들과 다정한 대화를 즐길 것이고,

보고, 듣고, 배운 모든 것을

내가 사랑하는 예술로 표현할 것이다.

나는 늙는 게 아니라,

좀 더 풍성해지는 것이다."

'가능하다'는 생각에서 시작하는
삶의 위대함에 대하여

36

세상에 정해진 운명이란 없다.
모든 운명은 인간이 자신의 가능성을
실현하며, 스스로 만들어낸 것이다.

Arthur Schopenhauer

내가 사는 빌라의 출입문은 조금 빡빡해서, 생각보다 조금 더 힘을 줘서 밀어야 열린다. 그렇다고 엄청난 힘이 필요한 건 아니다. 유치원생도 혼자서 다닐 수 있을 정도니까. 그런데 참 놀라운 사실이 하나 있다. 유치원에 다니는 작은 아이도 열 수 있는 이 문을, 3040 청년이 열지 못하는 경우가 많다는 것이다.

그 주인공은 바로 퀵서비스 배달원이다. 그들은 50% 이상의 확률로 출입문을 열지 못해서 내게 전화를 한다. "출입문이 잠겨 있으니 열어 주세요."라고 말이다. 하지만 우리 빌라의 출입문은 지난 10년 동안 단 한번도 잠겼던 적이 없다. 애초에 그런 기능이 없는 문이다. 아무리 그런 사정을 이야기해도 통하지 않는다. 그저 문을 아무리 강하게 열어도 열리지 않는다는 소리만 반복할 뿐이다.

반면, 택배 기사들은 그런 경우가 전혀 없다. 이유가 뭘까? 왜 퀵서비스 배달원은 열지 못하는 출입문을 택배 기사는 쉽게 열 수 있는 걸까? 이유는 간단하다. 택배 기사들은 자주 방문하는 곳이라서, 문이 열리지 않는다는 생각을 아예 하지 않는다. 그러나 퀵서비스 배달원은 처음 방문한 곳이라서, 문이 조금만 빡빡해도 쉽게 포기하고, 문이 잠겨 있다고 생각한다. 잠겨 있다고 생각하니, 조금 더 힘을 주려는 시도 자체를 하지 않는 것이다. 문이 잠겨 있다는 그 생각이 유치원에 다니는 아이들도 쉽게 여는 문을 열지 못하게 만드는 셈이다.

이게 바로, 가능하다고 생각하고 시작하는 사람이 가진 위대한 힘이다. 유치원에 다니는 작은 아이들이 빡빡한 그 출입문을 열 수 있는 이유는, 시작부터 가능하다고 생각해서다. 그 아이들의 마음속에는 안된다는 생각이 전혀 없다. 하지만 아이들과 비교할 수 없을 정도로 건장하지만, 퀵서비스 배달원이 문을 열지 못하는 이유는, 잠겨 있어서 불가능하다고 이미 스스로 결론을 내렸기 때문이다.

누구든 마찬가지다. 방에서 어떤 물건을 찾을 때도 그렇다. 찾으려는 그 물건이 있다고 생각하며 찾는 것과 없을 거라고 생각하며 찾는 건 전혀 다르다. 이처럼 마음의 힘은 현실의 격차를 가볍게 추월해서, 된다고 생각하며 시작하는 사람의 힘은 측정이 불가능할 정도로 세다. 그게 바로 '확신의 힘'이다.

필사할
문장

"어디에서 무엇을 시작하든
된다고 생각하며 달려들면, 결과가 달라진다.
된다는 그 확신이 나를 돕는 덕분이다.
늘 가능하다는 생각에서 계산을 시작하라.
그럼, 짐작할 수 없을 정도로
멋진 결과를 만날 수 있다."

슬럼프를 쉽게 벗어나는
마음이 탄탄한 사람들의 특징

37

가난은 하류층을 괴롭히는
멈추지 않는 채찍이고,
권태는 상류층을 괴롭히는
멈추고 싶은 채찍이다.

Arthur Schopenhauer

쇼펜하우어의 말을 듣고, 이런 생각을 할 수도 있다. '다 그런 건 아닌데? 난 가난이 힘들지 않아. 굳이 많은 돈이 필요하지도 않지!' 하지만 매사에 이런 식으로 생각하는 사람은 어떤 위대한 글을 읽어도, 무엇 하나 배우지 못한다. 세상에 모든 사람에게 다 맞는 글은 존재하지 않는다. 이런 식의 해석은 오히려 자신을 극심한 슬럼프에 빠지게 할 뿐이다.

좋은 글을 제대로 읽으려면, 제대로 해석할 수 있는 내면의 역량이 필요하다. 크게 3가지로 구분할 수 있으니, 다음에 소개하는 내용을 꼭 기억하며 살아보라.

1. 여기에서 무엇을 배울 수 있을까?
2. 여기에 분명 뭔가 있을 거야!
3. 내게 필요한 것만 추출해 보자!

이 역량을 내면에 담고, 쇼펜하우어의 글을 다시 읽게 되면, 이제 보이지 않았던 지점이 하나하나 모습을 드러내기 시작한다. 그리고 마침내 이렇게 한 문장으로 선명하게 뜬다. "누구에게나 자기 몫의 고통과 슬픔이 있다."

가난한 사람에게도 고통이 있고, 부자에게도 나름의 고통이 있다. 세상 어디에도 사는 게 만만하거나 즐겁기만 한 인생은 없다. 이렇게 하나의 멋진 문장을 추출할 수 있는 사람은, 뭘 읽어도 값진 무언가를 깨닫게 된다. 사는 나날이 곧 배우는 나날이며, 살면 살수록 더 근사한 지성인으로 성장하게 된다. 또한, 살면서 작은 슬럼프가 찾아와도 수월하게 벗어날 수 있게 된다. 자신을 스치는 모든 것에서 깨달음을 얻고, 그렇게 얻은 것을 자기 삶에 적용해서 스스로 자신의 삶을 나아지게 만들 수 있는 덕분이다.

　내 삶은 내가 만드는 것이다. 마음의 힘이 강한 자는 그 모든 것을 수월하게 해낼 수 있다. 쇼펜하우어는 논란이 될 수 있는 이 글을 통해서 그 사실을 대중에게 알려주고 싶었던 것이다.

"뭐든 부정적으로 해석하는 사람은

아무것도 새롭게 배울 수 없어서,

살면 살수록 인생의 고통만 늘어난다.

자기만의 시선을 통해서

뭐든 도움이 될 수 있는 것을 추출한 뒤,

삶의 무기로 삼아라."

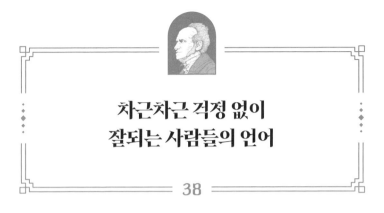

차근차근 걱정 없이
잘되는 사람들의 언어

38

아주 작은 즐거운 일이
무수히 반복되면,
누구든 행복해질 수 있다.

Arthur Schopenhauer

어떤 사람은 차근차근 성장해서 아무런 걱정 없이 즐길 내일을
기대하며 살지만, 반대로 어떤 사람은 안타깝게도 차근차근 망하
는 길로 들어서기도 한다. 두 사람의 차이는 어디에서 오는 것일
까? 차근차근 잘되는 사람은 평소 사용하는 언어의 수준과 방향
이 다르다. 좀 더 구체적으로 말하자면, 쇼펜하우어가 말한 것처

럼, 그들은 언어를 통해 일상에 작은 즐거운 일을 자신과 주변 사람들에게 매일 선물하며 산다.

예를 들어 설명하면 이렇다. 여기, 두 사람이 대화를 나누고 있다. 먼저 한 사람이 이렇게 말한다. "나 지금 너무 갈증이 나서, 아이스 아메리카노 마시고 있어." 그러자 지인이 이렇게 답한다. "커피는 건강에 나쁘니까 갈증이 날 땐, 물을 마시는 게 좋아."

'맞는 말'이다. 그런데 이런 말을 반복해서 듣게 되면, 아이스 아메리카노를 마시는 상대방은 어떤 기분이 들까? 자기의 기호를 자꾸 무시하고, 조언과 충고로 가르치려는 상대방에게 부정적인 감정을 갖게 되며, 심지어 관계가 멀어질 가능성이 높다. 이게 대표적인 차근차근 안되는 사람들의 언어다. 물론, 진실로 건강을 걱정해서 해준 말일 수도 있다. 하지만 그랬다면, 좀 더 섬세하게 본인의 마음을 표현했어야 한다.

내 마음이 진실하다고 해서, 하고 싶은 말을 그대로 전달하는 게 옳은 건 아니다. 정답에 가까운 올바른 말일수록 더욱 섬세한 언어 감각이 필요하다. 그런 의미에서 이 사실을 꼭 기억할 필요가 있다. 마음은 내가 가진 만큼 그에게 전해지는 게 아니라, 나의 말과 글을 통해서 그가 느낀 만큼 전해지는 것이다.

가령, 이렇게 말했다면, 상대의 기호도 존중하면서, 무엇이 나은 선택인지 스스로 생각할 수 있게 할 수 있다. "아, 넌 갈증이 심할 때, 시원하게 아이스 아메리카노를 마시는구나? 난 물을 마시는 게 좋았는데. 덕분에 새로운 방식을 하나 알게 되었네." 그럼, 상대방도 이렇게 화답할 가능성이 높다. "맞아. 나도 건강에 나쁜 커피 줄이고, 너처럼 물을 마시면서 갈증을 해소해야 하는데."

어떤가? 차근차근 잘되는 사람들의 언어는 이렇게 섬세하며, 느껴지는 뉘앙스가 다르다. 그들은 하고 싶은 이야기를 바로 들려주지 않고, 기본적으로 상대방의 일상과 생각을 존중하며, 그 안에서 가장 향기로운 언어를 골라서 들려준다. 다음 7가지 사항을 실천하면, 언제든 그런 삶에 접속할 수 있다.

1. 말하려고 서두르지 않는다.

2. 감정만 앞세우지 않는다.

3. 차분하게 연주하듯 말한다.

4. 완전한 문장을 자주 사용한다.

5. 말과 글에 희망을 담는다.

6. 단어를 골라서 쓴다.

7. 다정하게 말할 줄 안다.

"차근차근 잘되는 사람의 언어는 다르다.

말하려는 욕망에 사로잡혀서

아무런 말이나 들려주지 말고,

작은 선물이 될 수 있는 말을 골라서,

다정한 마음까지 담아서 들려주자."

김종원의 세계철학전집

×

쇼펜하우어 for 자존감

4장

내면

: 나 스스로 단단해지는 연습

Arthur Schopenhauer

서둘러서 오히려
자신에게 상처만 주는 너에게

39

진정한 행복은 내면에 있으니,
다른 외부 요인에서 벗어나서
건강한 것으로 내면을 채워라.

Arthur Schopenhauer

평소 내가 받는 각종 메시지와 DM은 크게 2가지로 나뉜다. 간단하게 소개하니, 한번 읽어보며, 그 느낌을 체험해 보라.

1. 안녕하세요, 늘 많은 도움을 받고 있습니다. 이렇게 이야기 나눌 수 있게 되어서 기쁘고, 영광입니다. 제가 늘 고민하는 부분에

대해서 알려 주셔서, 잘 배우고 있습니다. 그런데 제가 요즘 이런 고민을 하고 있는데, 혹시 조언을 구할 수 있을까요?

2. 저기, 사람들이 나만 괴롭히네요. 왜 이렇죠? 정말 미치겠어요. 방법 좀 알려주세요. 이걸 보는지 안 보는지 모르겠지만, 빠른 답변 기다립니다.

놀랍게도 1번에 가까운 메시지는 20% 정도이고, 나머지 80% 정도가 2번 메시지와 가깝다. 이게 현실이다. 어떤 메시지에 더 행복해지고, 도움을 주려는 마음을 갖게 될까? '존경'이나 '영광'이라는 표현이 중요한 게 아니다. 정중하게 인사를 한 후, 고마운 마음을 전하는 과정이 핵심이다.

쇼펜하우어의 말처럼 진정한 행복은 건강한 내면에 있다는 사실을 잘 알고 있어서, 늘 내면을 건강한 가치로 채우는 사람들은, 인사와 좋은 마음을 전하는 것이 얼마나 중요한 일인지 알고 있다.

어디에서든 마찬가지다. 인사는 자신의 건강한 내면을 증명하는 행위다. 정중하고, 기품 있게 인사를 할 줄 아는 사람은, 어디에서든 합당한 대우를 받는다. 가치 있는 언어를 보여준 덕분이다. 물론, 비언어적인 요소도 중요하다. 하지만 언어적인 요소에서 가능성을 보여주지 못한 자에게는, 비언어적인 요소를 파악할 수 있는 기회조차 주어지지 않는다.

　그 쉬운 걸 왜 제대로 하지 못하는 걸까? 급한 마음에 너무 서둘러서 그렇다. 답을 빨리 알고 싶은 마음, 빠르게 선택해서 결과도 빠르게 얻고 싶은 그 마음이, 자신을 망치는 것이다. 그래서 주변을 보면, 무언가를 배우는 사람은 별로 없는데, 가르치려는 사람의 숫자는 매우 많다. 하나를 빠르게 배워서, 그걸 바로 누군가에게 가르치며, 돈을 벌기 위한 시도를 하기 때문이다. 그러나 그건 오히려 본인에게 손해를 입힐 수 있다. 자신도 그게 뭔지 잘 모르는 상태에서 누군가를 가르치려면, 혼란이 생겨서 필연적으로 심각한 내상을 입게 되기 때문이다.

　빠르게 성공하고 싶고, 돈도 벌고 싶은 마음은 이해하지만, 때론 빠른 속도가 자신에게 독으로 작용할 때가 있으니, 차분해야 한다. 다음 7가지 과정을 낭독하고, 필사하며, 차분하게 자신의 일상을 관찰해 보라.

　1. 뭐든 연습의 과정이 필요하다.

　2. 너무 서둘러 배운 것을 써먹지 말자.

　3. 배운 다음에는 혼자 치열하게 연습하라.

　4. 가치는 연습 이후에 생기는 부록이다.

　5. 가치가 생겨야 돈을 받고 가르칠 수 있다.

6. 가치는 드러내는 게 아니라, 스스로 빛나서 숨길 수 없는 거다.

7. 순리를 따르는 삶이 세상에서 가장 아름답다.

"행복한 사람들은 언제나

건강한 내면을 갖고 있다.

그들은 서두르지 않고,

차분하게 말하고, 행동하며,

타인의 판단이나 평가에서 벗어나,

자신이 원하는 삶을

스스로에게 추천한다."

자존감 낮은 사람들이
자주 쓰는 표현

40

인간이 자기 안에서
행복을 찾는 것은 참 어려운 일이다.
하지만 그 밖의 다른 곳에서
행복을 찾는 건 아예 불가능한 일이다.

Arthur Schopenhauer

"아, 대체 행복은 어디에 있는 건가요!" 지금도 수많은 사람이
이런 푸념을 하고 있다. 이건 어떤 의미가 있는 걸까?

내가 이렇게 묻는 데는 이유가 있다. 우리가 내뱉는 한마디 한
마디에는 모두 나름의 의미가 있어서다. 실제로 우리는 지금도 자
기가 쓰는 언어를 통해서, 매우 많은 부분을 세상에 보여주고 있

다. 즉, 말은 단순히 생각과 의사를 전하는 게 아니라, 내가 어떤 사람인지를 세상에 전하는 수단이다.

한편, 각종 SNS 혹은 만남에서 이런 말을 마치 습관이나 겸손의 의미로 사용하는 사람이 많다. "저는 평범한 직장인입니다.", "저는 그저 평범한 학생입니다.", "평범한 시민에 불과합니다." 그런데 한번 생각해 보라. '평범하다'가 왜 '직장인'과 '학생' 그리고 '시민'과 하나로 연결이 되어야 하나? 이런 서툰 겸손은 오히려 본인의 자존감을 망친다.

개인적으로 내가 아는 표현 중, 세상에서 가장 자신을 보잘것 없이 만드는 게 바로 이 평범하다는 단어다. 물론, 평범하다는 말이 나쁘거나 부정적인 표현은 아니다. 그것 역시 충분히 가치 있으니까. 다만, 아무런 생각 없이 그냥 튀어나온 평범하다는 말은 조심해야 한다. 스스로 자신을 어떻게 여기고 있는지 주변에 생생하게 알려주기 때문이다. 게다가 이렇게 자존감이 낮은 사람들에게는, 늘 자신이 보잘것없는 사람이라고 생각하며, 좋은 것들을 자꾸만 바깥에서 찾으려는 심리가 있어서 문제다.

쇼펜하우어가 강조한 것처럼 자기 안에서 행복을 찾는 건 어려운 일이지만, 그렇다고 밖에서 찾는 건 아예 불가능한 일이라는 사실을 명심해야 한다. 그렇다면 최소한 불가능한 일보다는 어려운 일을 선택하는 게, 성공할 가능성이 더 높지 않을까?

만일 당신이 무기력하거나 자존감이 낮아지는 하루를 반복하고 있다면, 한마디 한마디에 더 농밀한 사색을 더해야 한다.

"나는 어떤 경우에도

나를 존중하는 언어를 사용한다.

모든 사람에게는 특별한 부분이 있고,

삶이란, 그걸 찾아가는 긴 여정이다.

내 하루는 오늘 더 특별하고,

내일은 분명 오늘과 다른 내가 되어 있을 것이다."

나만
나를 키울 수 있다

41

인간이 느낄 수 있는
진정한 행복은 내면에 있다.
외부의 요인에 의존하는
어리석은 삶에서 벗어나라.

Arthur Schopenhauer

'배우 A, 500억 빌딩 매입!', '매입하자마자 시세 차익이 무려 30억!' 연예인의 부동산 투자에 대한 기사는 예전부터 많았다. 중요한 건, 그런 기사에 달린 이런 방식의 댓글이다. "빈부 격차가 느껴지는 이런 기사는 쓰지 말자.", "나는 이런 소식 하나도 궁금하지 않다고!" 이 댓글을 그냥 스치지 말고, 깊이 생각해 보라.

자, 좀 더 차분하게 들여다보자. 그리고 자신에게 이런 질문을 한번 던져보라.

1. 빈부 격차는 누가 느끼는 건가?
2. 기사에는 빈부 격차라는 말이 없는데 무엇을 본 건가?
3. 왜 빈부 격차를 느끼게 만든 기사라고 생각하나?
4. 그러니까 그건 누가 왜 느끼는 건가?

"이건 빈부 격차를 느끼라고 쓴 기사입니다."라고 시작하는 기사는 세상에 없다. 정말 중요한 부분이다. 세상은 느끼는 자의 것이다. 세상과 자연은 우리에게 같은 것을 보여준다. 하지만 사람들은 저마다 다른 것을 느끼며, 다른 생각을 하고, 다른 것을 창조한다.

연예인 부동산 관련 기사 역시 마찬가지다. 물론, 기자가 의도했을 수는 있다. 그러나 모두가 그 기사에 빈부 격차를 느끼는 건 아니다. 오히려 기자의 의도에 휘말린다면, 그건 스스로 자신의 빈약한 내면을 증명하는 게 아닐까? 인간이 자신의 내면을 꾸준하게 단련해야 하는 이유는, 어떤 유혹 앞에서도 당당하게 자신을 유지하며, 지키기 위해서다. 그게 되지 않고, 상대의 의도대로 움직이고 있다면, 세상이 아닌 자신을 돌아보는 게 좋다.

쇼펜하우어의 말처럼 인간의 진정한 행복은 탄탄한 내면에서 시작한다. 내가 가진 내면의 수준이 곧 내가 만날 행복의 수준과도 같다. 탄탄한 내면의 소유자라면, 기자가 아무리 의도를 해도 그 기사를 읽으며, 얼마든지 트렌드와 노력, 문화, 직업, 의식, 예술, 경쟁 등 이렇게 다양한 키워드를 통과하는 깨달음을 얻을 수 있다.

필사할
문장

"세상은 같은 것을 주지만,

인간은 저마다 다르게 느낀다.

내가 느끼는 수준이 곧

내가 가진 내면의 수준이다.

세상을 비난하고, 비판하기보다는,

그렇게 세상을 느끼는 나 자신을 관찰하고,

깊이 사색하며, 나를 알아가는 시간이 필요하다."

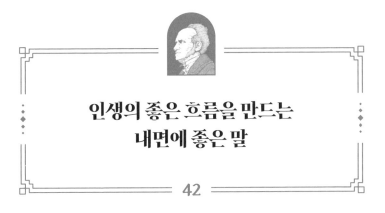

인생의 좋은 흐름을 만드는
내면에 좋은 말

42

많이 웃는 사람은 행복하고,
많이 우는 사람은 불행하다.

Arthur Schopenhauer

아이가 힘껏 달리다가 갑자기 넘어졌다. 다행스럽게도 안전하게 넘어졌는지 아이는 울지 않고, 씩씩하게 일어서려고 하고 있다. 그런데 이때 만약 넘어진 아이를 바라보며, 부모가 심각한 표정을 지으면, 아이도 갑자기 심각해져서, 자신의 상처가 생각보다 깊다고 생각해 눈물을 흘린다. 참 이상하게도 이런 일이 우리 주변에서 자주 일어난다. 이유가 뭘까?

우리 내면의 의식도 마찬가지다. 어떤 일이 생겼을 때, 필요 이상으로 심각하게 생각하면, 내면의 의식도 점점 심각해져서 그 생각이 그대로 현실이 된다. 삶의 좋은 흐름을 만들고 싶다면, 이런 방식의 언어를 내면에 주입하는 게 좋다.

1. 이건 큰일이 아니야.
2. 나는 내 삶의 주인이다.
3. 감정은 내가 선택한다.
4. 해결 가능한 일이야.
5. 금방 좋아질 거야.

한마디 말과 사소한 생각 하나로도, 사람은 변한다. 자주 웃는 사람은 행복하고, 자주 우는 사람은 불행하다. 감정 역시도 우리의 의지로 선택할 수 있는 것이다. 그냥 나오는 대로 말하면, 생각하지 않아도 되니, 인생은 잠시 편할 수 있다. 하지만 다시 기억할 필요가 있다.

"한마디 말로 일상이 변하고,

일상이 변하면, 내면도 바뀐다.

바뀐 내면은, 운명까지 바꾸며,

한 사람의 인생까지 결정한다."

극심한 어려움에 놓여 좋은 생각이
나지 않을 땐 최대한 빨리 자는 게 좋다

43

분명한 자신의 목표를 정하고,
날마다 거기에 이르는 길을
반복해서 생각하며, 조금씩 다가가라.

Arthur Schopenhauer

늘 그렇지만, 쇼펜하우어의 조언은 언제나 현실적이라 좋다. 그의 말처럼 현실에서 풀기 힘든 어려운 일이 있을 땐, 뒤척이며 시간을 보내는 것보다는, 가장 부드럽고 포근한 베개를 베고, 빨리 자는 게 좋다. 베개는 예상보다 힘이 세서, 잠든 당신에게 좋은 생각을 선물해 줄 수도 있다. 그러나 아무리 뒤척이며 밤을 꼬박 새워도, 그런 시간을 통해 우리는 좋은 답을 찾을 수 없다. 뒤척이는 건 생각한 시간이 아니라서 그렇다. 차라리 잠들어서 꿈을 통해 얻을 무언가를 기대하는 게 낫다.

쇼펜하우어는 탄탄한 내면의 소유자로 성장하려면, 매일 분명한 자신의 목표를 설정한 후, 날마다 분투하며 조금씩 다가가야 한다고 강조했다. 그러나 세상에는 행동만 앞세우고, 생각은 최대한 뒤로 미루는 사람이 많은 게 현실이다. 이들의 특징은 나중에 결과에 대한 부정적인 책임을 지지 않으려고, 변명거리만 찾는다는 데 있다. 일하기 전이나 일하고 나서 아무 생각도 하지 않는 사람도 있는데, 이도 매우 위험하다. 사람은 자신이 세운 목표를 이루기 위해, 날마다 생각하며 살아야 한다.

휴식 역시 그냥 생각을 내려놓고, 아무렇게나 존재하는 걸 의미하는 게 아니다. 휴식은 다음을 계획하며, 생각하는 시간이다. 목표를 달성하기 위해 앞으로 어떻게 해야 하는지를 미리 준비하며, 생각하는 시간이 바로 휴식인 셈이다. 무언가를 하는 동안에만 생각하는 게 아니라, 그걸 하지 않는 동안에도 쉬지 않고 생각해야 한다. 그래서 생각한다는 것은 더 나은 인생을 살기 위한 최소한의 준비라고 말할 수 있다.

자기 자신을 배려하는 사람이라면, 반드시 생각하는 시간을 중요하게 여겨야 한다. 미리 생각하면, 주의할 수 있고, 불운을 막을 수도 있으며, 늘 대비하는 덕분에 재난을 당할 가능성도 낮출 수 있다.

미래를 위해 현재의 시간을 투자해서 미리 생각하고, 준비하는 것을 아깝게 생각하지 마라. 어려운 현실에 직면했을 때는, 거듭 깊이 생각하고, 또 생각해야 좀 더 내면을 탄탄하게 다질 수 있다.

"깨어 있을 때, 잠든 시간보다

가치 있는 시간을 보내야 한다.

내게 하려는 의지가 분명히 존재한다면,

인생은 결코 내게 비겁한 행동을 하거나

고약한 사건을 주지 않는다."

모든 고통과 슬픔을 통과한 시간은
내 자존감의 근거가 된다

44

불안하게 만드는 것과 작별하고,
고통을 견디는 힘을 키우라.

Arthur Schopenhauer

누가 뭐라고 비난하고, 덮어놓고 미워하고, 질투해도 나는 그저
매일 하던 일을 하면 된다. 비난하는 자는, 멈춰서 외치느라 그 자
리에서 성장하지 못하지만, 늘 앞으로 나아가는 사람은, 점점 멀어
져서 나중에는 비난의 소리조차 들리지 않게 될 테니까.

누가 방해를 하더라도 귀를 막고, 계속해서 전진하는 사람이

결국 자존감도 탄탄하게 유지하며, 모든 승부에서도 이길 수 있다. 물론 살면서 나를 두렵게 만들거나, 견디기 힘들 정도로 고통스러운 일을 만나게 될 것이다. 쇼펜하우어의 조언처럼, 우리는 모두 그럴 때를 대비해서 고통을 견디는 힘을 키워야 한다. 아래 4가지 훈련이 당신을 그런 사람으로 만들어 줄 것이다.

1. 자신에게 희망의 언어를 선물하라.

오래전 미국의 한 자선 단체에서 노숙자들에게 매달 50만 원 정도의 현금을 줬더니, 놀랍게도 대부분 그 돈을 술과 담배를 사는 데 탕진했다. 그런데 그 돈을 100만 원으로 올리니, 조금씩 변하기 시작했다. 무려 80% 이상이 저축을 시작한 것이다. 저축이란, 내일의 희망을 꿈꾸기 시작했다는 증거라서 더욱 특별하다. 지금 불행하고, 힘들다면, 자신에게 긍정의 언어를 2배로 선물하라. 그대의 일상이 내면에 희망을 저축할 수 있도록.

2. 최대한 일찍 일어나서 인생을 최대한 즐겨라.

밤에 일찍 자든 늦게 자든 모든 사람에게 적용되는 메시지다. 매일 늦게 일어나서 인생을 낭비하지 마라. 아침에 최대한 일찍 일어나서, 빠르게 시작하는 게 자신을 위한 최선의 선택이다. 하루를 누구보다 일찍 시작했다는 그 생각은, 그날 온종일 자신에게

박수를 보내게 만들며, 고스란히 강력한 자존감의 근거가 된다. 굳이 그 멋진 근거를 외면하지 마라.

3. 시간을 단순히 보내지 말고, 적극 활용하라.

"시간을 어떻게 보낼 수 있을까?"라는 질문과 "시간을 어떻게 활용할 수 있을까?"라는 질문은, 아예 향하는 방향이 다르다. 그저 보내기 위해 시간을 맞이한 사람에게 일상은, 버리기 위해 존재하는 쓰레기와도 같다. 하지만 시간을 활용하려는 자에게 일상은, 누구보다 즐겁게 이용할 수 있는 놀이터와도 같다. 두 사람이 느끼는 자존감의 차이는 비교할 수 없을 것이다.

4. 고통을 사랑하며, 받아들여라.

고통에서 벗어나려는 시도는 언제나 실패한다. 이유는 간단하다. 인간은 고통에서 벗어날 수 없는 존재라서 그렇다. 물론, 아주 잠시 고통에서 벗어날 수는 있다. 하지만 곧 새로운 종류의 고통이 피할 수 없는 손님처럼 찾아온다. 고통은 평생 함께 살아야 할 친구와도 같으니, 굳이 외면하지 말고, 받아들이며 멋지게 공존할 생각을 하라.

"인간은 고통에서 벗어날 수 없다.

피하려고 끊임없이 노력하겠지만,

고통의 종류만 달라질 뿐

벗어날 수 없다는 사실만 확인하게 된다.

고통과 슬픔을 벗어나려고 하지 말고,

아름답게 공존하며 사는 법을 배우라."

소중한 사람들에게
고마운 마음을 표현해야 하는 이유

== 45 ==

대부분의 사람은 칭찬을 받으면,
그것이 비록 사탕발림이라는 것을
뻔히 알면서도 흐뭇해진다.

Arthur Schopenhauer

누군가 삶을 마감하면, 그 기사에 순식간에 이런 댓글이 달린다. "그간 많이 감사했어요.", "당신의 음악으로 평생 행복했죠.", "사랑한다는 말, 꼭 하고 싶었습니다." 하지만 정작 세상을 떠난 그는, 그 댓글을 읽을 수 없다.

많은 사람이 이런 경험을 반복한다. 우리 주변에서 소중한 사람이 갑자기 세상을 떠나면, 이번에도 마찬가지로 그를 추모하는 따스한 언어가 온라인 공간 여기저기에 떠돈다. 그러나 이제 그는 그 언어를 잡거나, 들어볼 수가 없다. 세상에 없기 때문이다.

우리는 지금도 누군가를 사랑하고 있고, 누군가를 응원하며, 미래를 기대하고 있다. 그 마음이 정말 소중하다면, 이제는 그걸 바깥으로 좀 더 자주 꺼내 보는 게 어떨까?

쇼펜하우어의 조언처럼, 칭찬을 비롯한 세상에 존재하는 모든 좋은 말은, 그것이 비록 사탕발림이라는 사실을 뻔히 알면서도 일단 받으면 기분이 좋아진다. 게다가 소중한 사람들에게 고마운 마음을 전하며, 기쁨을 전했다는 생각에 자연스럽게 나의 자존감까지 상승하는 경험을 할 수 있으니, 이 좋은 걸 굳이 외면할 필요는 없을 것이다.

어렵지 않다. 이런 뉘앙스의 표현이라면, 얼마든지 상대방에게 따스한 마음을 전할 수 있다. "당신의 콘텐츠를 늘 잘 보고 있어요.", "당신이 아니었으면, 난 참 힘들었을 겁니다.", "항상 당신의 내일을 응원하고 기대합니다."

내가 응원하는 콘텐츠 크리에이터, 내가 자주 방문하는 식당과 빵집, 내가 즐기는 배우의 연기 그리고 내가 사랑하는 사람들의 모습. 이 모두는 언제나 오늘이 마지막일 수 있다. 반드시 이 사실을 기억하라. 내일은 늦을 수 있다. 지금이 아니라면, 영원히 할 수

없는 그 마음을 이제 전하라. "고마워요. 그리고 사랑해요. 당신이
늘 잘되길 소망해요." 이렇게 자주 마음을 전하며 살자.

"그냥 생각만 하고 있으면,

누구도 그 사랑을 느낄 수 없다.

들을 수 있을 때 들려줘야

그걸 사랑이라고 말할 수 있다.

사랑해요, 사랑해요, 사랑해요.

내게 소중한 그 사람이

듣고 또 들을 수 있도록

고마운 마음을 전하자."

지금부터 나의 내적 성장을 돕는 8가지 단단한 말

46

> "이렇게 되지 않을 수도 있었을 텐데."
> "그때 이렇게 하지 말았어야 했는데."
> 불행한 사건이 일어난 후,
> 되돌릴 수 없는 상황에 대한
> 이런 후회는 하지 않는 게 좋다.
>
> Arthur Schopenhauer

불행한 사건이나 결과를 맞이한 후, 자꾸만 후회를 하거나 무기력에 빠지는 이유는 뭘까? 답은 하나, 내면의 힘이 약하기 때문이다. 그래서 자꾸 못했던 것들이 생각이 나서 후회하게 된다.

하지만 모든 결과가 갑자기 그것도 완전하게 산산조각이 난다고 해도, 쇼펜하우어의 말처럼 내면의 힘이 강한 자는, 오히려 놀라거나 위축되지 않고, 다시 일어나 전진한다. 실패를 탄탄해지기 위해 반드시 경험해야 할 과정이라고 생각해서 그렇다.

물론, 이런 의식의 전환은 쉽게 이루어지지 않는다. 내적 성장이 필요한 부분이다. 이에 내적 성장에 도움이 될 8가지 말을 소개하니, 그림을 감상하듯 눈에 모두 담겠다는 의지로 읽어보라.

1. 지금 당장 무엇을 해야 좋을지 모르겠다면, 실패해도 좋으니 가만히 있지 말고, 일단 뭐라도 시작하라.

2. 다만, 현재 능력으로 할 수 없는 것을 선택하라. 처음에는 힘들게 느껴지겠지만, 곧 가능한 일이 된다.

3. 이후에는 극도의 고독을 느끼게 된다. 이때 고독을 웃으며 반길 수 없다면, 무엇도 성취할 수 없다는 사실을 기억하자.

4. 누구든 자기 삶의 어른으로 사는 건 결코 쉬운 일이 아니므로, 그 무게와 가치를 늘 사색하라.

5. 나 자신을 위해 무언가를 만들지 마라. 고객은 나와 생각이 전혀 다른 이들이니, 그걸 사용할 사람을 위해서 만들어라.

6. 무엇이든 할 수 있다고 생각하고, 시작하라. 가능성을 부여하면, 해낼 가능성이 2배로 높아진다.

7. 침묵보다 가치 있는 말이 아니라면, 가치가 높아질 때까지 좀 더 깊이 생각한 후, 나중에 말하라.

8. 주변에서 일어나는 모든 것이 기적인 것처럼 보라. 그럼, 위대한 기적의 시작과 모든 과정이 눈에 그려진다.

한마디로, 기억할 게 없는 인생을 살아라. 좋은 경험을 쌓을수록 기억은 오히려 줄어든다. 굳이 기억하지 않아도, 삶이 기억한다. 지금부터 그런 나날을 반복하면, 결국 내면의 힘은 강해진다.

필사할
문장

"후회만 반복하는 삶은 어리석다.

모든 것은 다 탄탄해지기 위해

반드시 통과해야 할 과정임을 기억하자.

그래서 생각은 내 삶에서 불필요한 것들을

완전히 제거하려고 하는 것이다.

생각할수록 후회와 불만만 많아진다면,

그건 생각이 아니라 고민이니, 방향을 바꿔라."

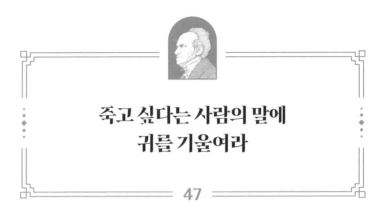

죽고 싶다는 사람의 말에
귀를 기울여라

47

누군가를 불쌍히 여기는 마음이
도덕의 기초이다.

Arthur Schopenhauer

"이렇게 사는 것보다 죽는 게 낫겠다.", "나만 사는 게 이렇게 힘든가? 차라리 죽자.", "희망도 없이 이렇게 살아서 뭐 하겠어!" 생각보다 자주 죽음을 말하는 사람을 만나게 된다. 만약 지금 주변에 이렇게 말하는 사람이 있다면, 그의 말에 귀를 기울이는 게 좋다. 죽고 싶다는 그의 말에는 이런 욕망이 숨겨져 있으니까. '돈만 많이 있었다면, 살 수 있을 텐데.', '내게 관심을 주는 사람이 많으면, 살고 싶을 텐데.', '환경만 좀 좋아지면, 사는 게 행복할 텐데.'

온갖 단서가 달렸다고 생각할 수도 있다. 하지만 단서가 있다는 건 여전히 무언가를 갈망하고 있다는 증거이고, 그건 "제발 내 손을 좀 잡아줘!"라는 내면의 아우성과도 같다. 죽고 싶다는 그의 말은, 사실 살고 싶다는 강렬한 외침과도 같다. 그래서 쇼펜하우어 역시, 누군가를 불쌍하게 여기는 마음에서 인간의 도덕이 시작된다고 강조했다.

도덕성은 쉽게 가질 수 있는 덕목이 아니다. 타인을 나처럼 사랑하며 아낄 수 있어야, 도달할 수 있는 수준 높은 지성이라서 그렇다. 그러니 좀 더 용기를 내라. 주변에 소중한 사람이 자주 죽음을 말하고 있다면, 그런 그를 지겹게 여기거나 책망하지 말자. "언제까지 그렇게 살아갈 거야!", "스스로 노력해서 멋지게 살 생각을 해야지!" 이런 말은 그에게 상처만 될 뿐이다. 조용히 다가가서, 그의 이야기를 듣자. 곁으로 가서 그의 이야기를 들어주는 것만으로도 우리는 한 사람의 마음을 치유할 수 있다.

"죽음을 말하는 그의 입술을 보라.

살고 싶다고 외치고 있을 것이다.

다가가서 차분히 그의 입술을 바라보라.

바라보는 것만으로도 당신은

한 사람의 마음을 치유할 수 있다."

피가 거꾸로 솟구치는
일이 생길 때

48

분노를 지혜롭게 다스릴 수 있는
자기만의 습관을 몸에 익혀라.

Arthur Schopenhauer

"아, 나 진짜 열받아서 이건 도저히 넘길 수 없겠는데!", "나 말리지 마! 진짜 욕이 나올 수밖에 없네!" 아무리 차분하고, 논리적인 사람도, 때로는 이런 말을 하게 된다. 결국, 삶은 분노와의 기나긴 싸움이다.

피가 거꾸로 솟구치는 일이 생길 때, 우리가 가장 먼저 해야 할

일은, 회피가 아닌 정면으로 마주 보는 것이다. 이에 쇼펜하우어는 이럴 때 자신이 현재 분노한 상태라는 사실을 자각하는 게 중요하다고 강조한다. "나, 괜찮아. 지금 매우 이성적인 상태야."라며 자신을 속이는 건 좋지 않다. 현재 자신의 상태를 제대로 알아야 감정이 폭발하지 않게 자신을 제어할 수 있는 자기만의 습관을 만들 수 있다. 간단하게 내용을 압축하면 이렇다.

1. 분노한 자신의 감정과 마주하라. 조금도 자신을 속이지 마라. 그래야 현재 상태를 제대로 관찰할 수 있다.
2. 분노한 이유에 대해 생각하라. 나의 잘못과 상대방의 잘못을 모두 동시에 생각하라. 충분히 차분하게 생각하는 게 좋다.
3. 앞으로 감정이 폭발하지 않으려면 어떻게 해야 할지, 자기만의 원칙을 생각해서, 그걸 습관으로 만들어서 지켜라.

쇼펜하우어의 삶에서 찾은 이 방법은 매우 실용적이다. 실제로 나도 내게 찾아온 분노의 감정을 지혜롭게 다스릴 수 있는 2개의 습관을 찾아서 일상에서 실천하고 있다. 하나는 나를 분노하게 만든 그 일을 주제로 글을 쓰는 것이고, 나머지 하나는 좋아하는 연주곡을 즐기는 것이다. 이렇게 분노로부터 자신을 지키는 일이 중요한 이유는, 일단 분노를 터뜨리고 나면, 가라앉히기 매우 어렵기 때문이다.

세상 그 누구도 분노한 상태에서는 이성적인 판단을 내릴 수 없다. 분노한 나와 평소의 나는 완전히 다른 사람이므로. 그래서 우리는 최대한 평온한 자신을 지켜야 한다. 분노에게 지지 않고, 마음을 다스릴 수 있는 사람은, 늘 상식의 선에서 크게 벗어나지 않고 살 수 있다.

"세차게 흔들리는 배 위에서
중심을 잡을 수 있는 사람은 없다.
분노는 한 번 일어서면, 잠재울 수 없으니
그것이 일어설 수 없도록,
나만의 습관으로 잠재워야 한다."

덜 가진 사람이
더 많이 가진 사람을 걱정하는 이유

49

무엇인가 갖고 싶다는 욕구는,
자신이 볼 수 있는
범위 안에서만 생긴다.

Arthur Schopenhauer

간혹 이런 의문이 생길 때가 있다. '왜 가난한 사람들이 부자를 걱정하는 걸까?', '자기 걱정이나 하지, 이해를 못하겠네?'

100억을 벌던 사람이 어떤 사건으로 90억만 벌게 되는 상황이 되면, 1억도 벌지 못하는 사람들이 그들을 걱정하며, 응원하는 장면을 자주 경험하게 된다. 대체 이유가 뭘까? 쇼펜하우어는 그 시절에 이미 이런 삶의 흐름을 간파하며, "사람은 자기 수준에서만 욕망을 느낄 수 있다."라고 말했다. 정말, 칼날처럼 날카로운 표현이다. 그래서 자기보다 더 부유한 사람들의 막대한 재산은, 가난한 사람들의 마음을 움직이거나 들쑤셔놓지 못한다. 실제로 100억을 가진 부유한 사람의 삶을 걱정하며, 그들이 아무런 걱정도 없이 살면서 더 승승장구하기를 바라지만, 자신과 별다를 게 없는 수준의 사람들은 오히려 미워하고, 트집을 잡으면서 못 살게 만든다.

볼 수 있다는 건 이렇게 중요하다. 우리 한번 크게 생각해 보자. 왜 비슷비슷한 사람들이 모여서 서로를 괴롭히고, 그렇지 않아도 죽도록 힘든 사람을 더 힘들게 만드는 걸까? 비교할 수 없이 모든 걸 다 가진 사람은 오히려 응원하면서 말이다.

이 모든 게 볼 수 없어서 생기는 삶의 아이러니다. 볼 수 있는 범위를 더 넓힐 수 있다면, 우리는 그간 갖고 싶었지만, 갖지 못했던 것을 수월하게 가질 수도 있다. 제자리에서 한 치도 벗어나지 못하게 만든 건, 우리의 생각 때문이었던 것이다.

"생각의 수준과 범위를 넓히자.

비슷비슷한 사람이 아니라,

완전히 다른 수준의 사람을 보자.

'내가 속한 곳'이 아니라,

'속하고 싶은 곳'을 바라보라.

전혀 다른 세상이 보일 것이다."

내가 악플에
전혀 신경을 쓰지 않는 이유

50

남의 눈을 의식하지 않으며,
남들이 알아주는 것에 연연하지 않고,
초월하며 사는 사람은 행복하다.

Arthur Schopenhauer

온라인에 글을 써서 올리는 사람이라면, 대부분 공감할 것이다. 쓰면 알게 되는 사실이지만, 짐작했던 것보다 악플이 정말 많이 달린다. 유형도 가지각색이다. 대범한 것처럼 보이고 싶어서 웃는 이모티콘을 남기며 쓴 악플, 논리적으로 보이고 싶어서 본문보다 더 긴 글로 써서 남긴 악플, 합리적인 사람으로 보이고 싶어서 온갖 자료를 가져와 마치 논문처럼 쓴 악플 등 매우 다양하고, 또 지독하다.

그러나 공통으로 나오는 표현이 하나 있다. 바로 이것이다. "의도는 이해하지만" 이게 바로 내가 악플에 전혀 신경을 쓰지 않는 이유다. 짧은 표현이지만, 분석하면 이렇다. "의도는 이해하지만" 이라고 쓴 이유는, 실제로는 의도를 이해하지 못했기 때문이다. 정말로 이해를 했다면, 간단하게 "이해합니다." 혹은 "공감합니다." 라고 써야 한다.

다시 말해서, 악플은 내가 아닌 그걸 쓴 사람의 부족한 능력을 증명할 뿐이다. 이해하면 악플을 쓰지 않을 수 있는데, 이해하지 못해서 악플을 쓴 것이니까. 만약 당신이 악플러 때문에 고생을 하고 있다면, 앞으로는 굳이 그들을 이해시키려고 노력하거나, 조금이라도 신경을 쓸 필요가 없다는 사실을 꼭 전하고 싶다. 그들은 당신의 말을 이해할 정도로 문해력이 높지 않다.

온라인에 계속 글을 써나갈 당신도 꼭 기억하라. 악플은 그걸 쓴 사람의 잘못이다. 자신의 부족한 문해력과 이해력을 증명할 뿐이니까. 상대가 쓴 글이 아무리 낮은 수준의 글이라도 그 의도를 이해한 사람은, 절대 악플이라는 선택을 하지 않는다. 이유는 간단하다. 모든 사람은 아무리 짧은 글이라도 이해하게 되면, 자연스럽게 배울 지점을 찾아서 내면에 담고, 악플이 아닌 고마운 마음을 담은 선플을 남기기 때문이다. 그러니 앞으로는 "그것도 좋지만", "의도는 이해하지만", "좋은 말이긴 한데" 이런 식으로 표현한 모든 악플에 하나하나 대응하지 마라. 결코, 당신의 잘못이 아니니까.

필사할
문장

"모든 건 이해의 영역이다.

이해하게 되면, 좋은 것만 보인다.

상대의 모든 의도를 알게 되고,

그가 가진 장점이 보이는 덕분이다.

게다가 이해하지 못한 사람을

억지로 이해하라고 할 수는 없다.

그러니 당신의 생각을 자신 있게 써라."

희망은 가장 고독한 자만
가질 수 있는 특권이다

51

내면이 풍요로운 인간은
스스로 만족할 줄 안다.
그래서 고독을 좋아하는 사람은
희망이라는 금광을 얻은 것과 같다.

Arthur Schopenhauer

"신이 인간을 창조했다면, 인간은 고독을 창조했다." 이 글을 쓰며, 문장이 참 아름답다고 생각했다. 고독은 인생의 탄생만큼이나 아름다운 것이라서 그렇다. 고독을 사랑하지 않는 사람은, 자기 자신도 진실로 사랑할 수 없다. 혼자 있을 수 있어야, 비로소 자신을 제대로 볼 수 있어서다. 이에 쇼펜하우어는 "고독은 인간의 본래 모습에 가깝다."라고 말한다. 그래서 희망을 만나기 위해서는 반드시 고독을 피하지 말고, 그것을 즐기는 법을 배워야 된다.

하나 묻는다. "희망을 품고 있는 사람이 행복할까? 아니면 절망을 품고 있는 사람이 행복할까?" 보통은 희망을 품고 있는 사람이 절망적인 사람보다 행복할 거라고 생각하지만, 현실은 완전히 반대다. 이 원칙을 제대로 알고 있어야 한다. 이해하기 위해 오랫동안 사색할 시간이 필요하니, 집중해서 읽어보라.

"주변을 보면, 희망을 품은 사람은 언제나 소수이고, 다수는 여전히 절망적인 하루를 산다. 그래서 희망을 품은 사람은 자신에게만 보이는 그 희망을 절망의 늪에서 간직하고 사느라, 오랫동안 고독한 시간을 견뎌야 한다. 그래서 고독할 수 있는 자만이 희망을 품을 수 있고, 그들은 반드시 힘든 시간을 견뎌내야 한다."

또 이렇게 매일 자신에게 고독을 즐길 시간을 허락하면, 희망적인 고독을 즐기게 될 것이다.

1. 새벽에 일어나 조용히 10분 동안 사색하기
2. 점심 식사를 마친 후 10분 동안 혼자 걷기
3. 잠들기 전 10분 동안 클래식 감상하기

하루 3번, 10분 동안 혼자 있는 시간을 즐긴다는 게, 함께 사는 세상이라서 쉬운 일만은 아니다. 그래서 희망은 귀한 것이며, 아무에게나 자신을 허락하지 않는다. 희망은 깊은 절망의 강에서 자신을 품고, 꿋꿋하게 견뎌, 마침내 꽃으로 피워낼 사람에게만 안긴다.

"희망은 고독을 웃으며 견딜 수 있는
강한 내면의 소유자에게만 주어지는,
자기 삶을 살아가는 자들의 특권이다."

김종원의 세계철학전집
✕
쇼펜하우어 for 자존감

5장

태도

: 품격 있는 평온한 일상으로 다가가는 길

Arthur Schopenhauer

장기적으로 성장하는
인문학적인 태도를 갖고 싶다면

52

내가 바꿀 수 없는 자들의 말과 행동에
화를 내며 분노하는 것은,
길 위에서 앞을 가로막는 돌멩이에게
화풀이를 하는 것처럼 어리석다.

Arthur Schopenhauer

요즘 길에서 기이한 경험을 자주 하게 된다. 지하철에 타기 위해 줄을 서서 문이 열리기를 기다리는데, 문이 열리자마자 저 뒤에서 마치 앞에 줄 선 사람들이 보이지 않는다는 태연한 표정으로, 당당하게 새치기를 하는 것이다. 과거에는 그래도 미안한 표정이라도 지었는데, 최근에는 참 기이하게도, 아예 타인의 존재를 의식하지 못하는 느낌이다. 새치기를 하려고 태연한 척 연기를 하는 게 아니라, 진짜로 앞에 없는 사람처럼 여기는 듯하다.

길에서 걸어갈 때도 마찬가지다. 그들은 사람을 보며 걷는 게 아니라, 그냥 자기가 가야 할 방향만 보며 걷는 사람처럼 느껴진다. 피하거나 양보를 하려는 태도를 조금도 찾을 수 없다. 과연 무엇이 문제일까? 또 이런 부류의 사람을 만났을 때 우리는 과연 어떻게 행동해야 하는가?

이때 쇼펜하우어의 말을 기억해야 한다. 스스로 바꿀 수 없는 것들에 분노하며 화를 내는 건, 오히려 자신을 망치는 선택이다. 우리는 자신을 바꿀 수는 있어도 남을 바꿀 수는 없다는 사실을 상기해야 한다. 인문학적인 태도가 필요한 이유가 바로 여기에 있다. 서로가 서로를 이해하지 못하며, 비난하는 이 시대에서 중심을 잡고 살기 위해서는, 가장 먼저 주변에 존재하는 수많은 사람이 나와 비슷한 욕망을 갖고 살고 있다는 사실을 깨달아야 한다. 그걸 깨달아야 '이해의 밭'에서 인간에게 꼭 필요한 공감과 배려, 사랑이라는 꽃을 피어나게 할 수 있다. 그런 태도를 갖고 싶다면, 아래에 소개하는 7가지 사항을 읽고, 일상에서 차분하게 실천해 보라.

1. 당장 이해할 수 없다는 이유로 미워하지 마라.
2. 최악의 상황은 잘 오지 않으니 겁먹지 마라.

3. 공감할 수 없다면, 충분히 다가가지 못한 것이다.

4. 내가 싫은 건, 남도 싫다는 사실을 기억하라.

5. 조금 돌아가도 괜찮으니 서두르지 마라.

6. 예민하거나 까다롭게 굴면, 나만 손해다.

7. 가장 힘들 때, 자신을 가장 다정하게 대하라.

세상이 점점 삭막해지고, 사람들의 태도도 냉혹하게 변하고 있다면, 더욱더 세상과 주변 사람이 아닌 나 자신을 봐야 한다. 나의 변화가 곧 세상의 변화이니까. 세상에 자신을 방치하며 이룰 수 있는 변화는 없다.

"인문학은 공존에서 시작한다.

내가 싫은 건 저 사람도 싫고,

내가 힘든 건 저 사람에게도

힘든 일이라는 사실을 깨닫게 되면서,

인간은 좀 더 성장하고, 발전할 수 있다."

더 높이 점프하려면
손해 보고 싶은 일을 찾아라

53

인간은 불만을 통과하며,
자기만의 철학을 발견할 수 있다.
괴테의 말처럼, 오직 고통만이
인간을 더 나은 경지로 이끈다.

Arthur Schopenhauer

내게는 삶에서 아주 특별한 시기가 있었다. 당시 나는 그 분야에서 평균보다 3배 이상의 돈을 벌고 있던 시절이었지만, 과감하게 다 접고, 주변 사람들이 모두 말리던 어떤 하나의 일에 1년 이상을 매달려서, 아예 수입을 0으로 만들고 살았다. 과장이 아니라 수입이 아예 없었다. 어릴 때도 아니었고, 돈이 풍족한 상태에서 선택한 것도 아니었다. 누구보다 더 많이 벌어야만 했지만, 과감하게 모든 생산 활동을 접고, 돈이 되지 않지만, 나를 한 단계 높이 끌어줄 수 있는 그 일에 모든 시간과 가능성까지 투자했다. 당연히 대부분의 지인이 나를 말렸다. 하지만 나는 사는 내내, 당시 나의 선택이 옳았다는 사실을 단 한번도 의심한 적이 없었다.

주변을 보면, 성장을 갈망하는 사람이 많다. 그러나 누군가는 성장하지만, 다른 누군가는 원하는 수준으로 성장하지 못한다. 이유가 뭘까? 아주 간단하다. 전자는 본인이 선택한 무언가를 할 때, 전혀 이득을 고려하지 않고 전진하지만, 후자는 자꾸만 계산기를 두드리며, "이러다가 내가 손해를 볼 것 같은데?"라는 생각에 멈칫거리기 때문이다. 계산은 과학의 영역이라서, 실수나 실패 혹은 손해를 용납하지 않는다. 성장하려면 아주 가끔은 계산기를 버려야 한다. "나는 절대로 손해를 볼 수 없어!"라는 욕망이, 결국에는 우리를 단 한 걸음도 앞으로 나아갈 수 없게 막는다.

"성장하려면 무엇을 해야 하나요?" 만약 당신이 누구든 이렇게 묻는다면, 내 대답은 언제나 동일하다.

"기꺼이 손해 보고 싶은 일을 찾아라.

그리고 실제로 인생 최악의 손해를 봐라.

네 인생의 바닥을 목격해라.

손해 본 만큼 당신은 앞서 나갈 것이다.

결국, 바닥과 천장은 하나로 연결되어 있다는,

세상에서 가장 근사한 진리를 깨닫게 될 것이다."

자존감이 낮아질 땐
오히려 뛰어난 사람을 보라

54

우리가 사는 모든 세계는
비참한 사람에게만 비참하고,
공허한 사람에게만 공허하다.

Arthur Schopenhauer

보통 자존감이 낮아지면, 자신보다 못한 사람들을 보며, 위안과 위로를 받는다. 하지만 나는 이 모습을 '세상에서 가장 슬픈 위로의 현장'이라고 생각한다. 아주 잠시 동안 위로를 받을 수는 있겠지만, 그건 결국 자신을 더 망치는 일이라서, 더 끝없는 절망의 늪에 빠지게 되기 때문이다.

그럴 때는 의식적으로 위를 보려는 태도를 취해야 한다. 자존감이 낮아질 땐, 오히려 내가 궁극적으로 추구해야 할 더 완벽한 모습을 자꾸 더 보고, 느끼며, 경탄해야 한다. 쇼펜하우어 역시 그런 삶을 추천하며, 이런 조언을 남겼다. 그의 조언에 내 생각을 더해, 7가지로 정리하면 이렇다.

1. 같은 시대를 사는 사람 중에 뛰어난 인물을 찾아라.
2. 철학, 문학, 예술, 건축, 미술 등 다양한 분야에서 뛰어난 인물을 찾아서, 차분히 오랫동안 관찰하라.
3. 평범한 것은 흔해서 가치가 떨어진다.
4. 뛰어나고, 위대한 것은 완전성을 요구하므로, 어떤 분야든 매우 드물다.
5. 희소가치를 지닌 것에서 배우라.
6. 세기를 넘어, 명성을 유지할 법한 것을 보라.
7. 눈을 감고, 공감하며, 그를 느껴라.

이렇게 같은 시대를 사는 뛰어난 인물의 삶과 그들이 남긴 것을 관찰하고, 연구하면, 낮아진 자존감도 점점 높아지며, 탄탄해진다.

다시 한번 기억하자. 세상은 비참한 사람에게는 비참한 것만 보여주고, 내면이 공허한 사람에게는 공허한 것만 보여준다. 그래서 의식적으로 좀 더 나은 것을 보려고 노력해야 한다. 그럼 세상도 내가 원하는 걸 보여줄 테니까.

"아래를 보며 위안을 받고 싶을 때,

오히려 고개를 들고,

내가 결국에는 가고 싶은,

높은 곳에 있는 완전한 것들을 보라.

경탄과 함께 낮아진 자존감도 높아진다."

심각하게 살지 않아야
인생을 더 잘살 수 있다

55

행복을 포함한 모든 소유물은,
불확실한 시간 동안만
우연히 내게 허락된 것이다.
어느 순간, 세상으로부터
그것 모두를 돌려달라는
요구를 받게 될 수도 있다.

Arthur Schopenhauer

'왜 행복은 계속 사라지는 걸까?', '평생 기쁨만 느끼며 살고 싶다!', '더 힘내서 행복해져야지!' 이런 고민이나 생각을 하며 사는 사람은, 오히려 아무런 생각도 하지 않고 사는 사람보다 큰 실망과 허탈감을 느낄 가능성이 높다. 쇼펜하우어의 말처럼, 인생의 행복이나 기쁨은 매우 일시적이며, 결정적으로 그 모든 것은 나의 소유가 아니기 때문이다.

움켜쥐고, 보관하려고 하지 말고, 언제든 세상이 빼앗아 갈 수 있다고 생각하며, 마음 편히 살아야 한다. 처음부터 모든 것은 나의 것이 아니었다. 다시 말해서, 인생에서 만나는 장면 하나하나를 심각하게 생각하지 말고, 가볍게 여기며 살겠다는 태도를 가지는게 좋다.

언제나 무거운 표정을 짓고 다니며, 일상을 너무 진지하게 보내는 건, 내면에 엄청나게 큰 쇠사슬을 매달고, 전속력으로 달리는 것과 같다. 그런 심각한 태도로 살면, 내면은 곧 완전히 망가지고, 더는 달릴 수 없을 정도로 무기력한 상태가 된다. 조금은 가볍게 그러나 오래 행복하게 살고 싶다면, 다음 5가지 태도를 내면에 깊이 담고, 당장 심각한 삶에서 벗어나야 한다.

1. 사소한 일은 사소하게 넘겨라.
2. 대범하게 결정하고, 빠르게 행동하라.
3. 불안감과 두려움을 버려라.
4. 의식적으로 밝은 음악을 들어라.
5. 긍정적인 문장을 필사하라.

위에 소개한 5가지 태도로 살면서, 늘 자신에게 찾아온 감정을 제대로 구분할 수 있어야 한다. 하루하루 내가 일상에서 느낀 감정이 모여서 결국 하나의 생각이 되고, 생각이 다시 하나하나 모여서 인생이라는 커다란 줄기를 형성하니까.

"생각이 깊은 것과 심각한 것은 다르다.

깊은 생각은 시간이 지날수록

인생을 가볍게 만들어주지만,

심각한 태도는 시간이 지날수록

인생을 더 무겁게 만든다."

면허증이 있지만
운전은 하지 않겠다고 말한 이유

56

인생은 짧지만,

진리는 멀리까지

그것도 아주 오랫동안

길게 영향을 미친다.

그러므로 늘 진리를 추구하라.

Arthur Schopenhauer

애플 사의 창업자 故 스티브 잡스는, 1973년 휴렛 팩커드(HP)에서 인턴으로 잠시 일한 후, 대학을 중퇴할 즈음에 이런 내용이 담긴 이력서를 한 장 썼다. 그 내용을 잠시 살펴보면 전공에 영문학이라고 쓰고, 운전면허도 있다고 적었다. 보유 기술로 컴퓨터와 계산기를 선택했으며, 관심 분야로는 전자 기술과 디자인 엔지니어, 디지털을 적었다. 여기까지는 특별할 게 하나도 없다. 모두 짐 작이 가능한 스펙의 영역에 속하는 것들이다. 내가 매우 집중하며, 흥미롭게 읽은 부분은 여기다.

"직접 운전하는 게 가능하지만,

굳이 그럴 것 같지는 않다."

그가 애플을 설립한 시기가 1976년이니, 이 구직신청서를 제출 한 후, 겨우 3년 만에 애플이라는 거대한 변화의 주인공이 된 셈이 다. 나는 그가 다니던 대학을 중간에 그만두고, 취업을 위해 구직 신청서를 제출한 행동 그리고 그가 애플을 창업하기 전까지 보낸 3년이라는 기간에 이런 결단이 있었다고 생각한다. "내게는 원하 는 삶이 있다. 앞으로 나는 그 하나에만 집중하며 살겠다." 그 증 거가 바로 면허는 있지만, 직접 운전을 할 생각은 없다는 이력서 에 쓰여있는 문구에 있다.

보통 구직신청서에는 뭐든 할 수 있다는 가능성을 적는데, 그 는 면허가 있어도 운전은 하지 않겠다고 밝혔다. 나는 그것이 애 플 이전의 그와 이후의 그를 나누는 분기점이라고 생각한다. 쇼 펜하우어처럼 그도 "타인의 삶을 사느라 자신의 인생을 허비하지 말라."라는 변하지 않는 인생의 진리를 평생 실천하며 살았다.

아무리 운전에 능해도, 운전을 하면서 깊은 사색을 하기는 어렵다. 3년이라는 기간 동안 애플 창업에 필요한 모든 요소를 만들기 위해, 그는 운전을 하지 않기로 결정하며, 자신이 무엇보다 소중하게 여기는 깊은 사색에 모든 걸 바쳤다고 볼 수 있다.

"인생은 짧지만, 진리는 아주 길게 영향을 미친다."는 쇼펜하우어의 말이 무엇을 뜻하는지 이해할 수 있는 대목이다. 그는 "모든 극적인 변화와 뚜렷한 혁신과 성과에는 나름의 이유가 있으며, 이는 대개 과거와의 단절을 의미한다."라는 삶의 진리를 깨닫고, 실천에 옮긴 것이다.

대학을 졸업하지도 못한 그가 그 시절에 취업을 하려면 어떻게 해야 했을까? 당연히 자신에게 있는 모든 것을 이력서에 다 적어야 한다. 그런 그가 현실적인 어려움을 겪으면서도, 굳이 운전을 하지 않겠다는 입장을 밝힌 이유는, 변화를 위해서는 반드시 어려운 과정과 단계를 거쳐야 한다는 사실을 알았던 덕분이다.

성공은 모두의 것이 아니다. 처음부터 모든 환경이 완벽하게 갖춰지는 경우도 거의 없다. 사소한 부분 하나까지 모두 그것을 원하는 사람에 의해 만들어지며, 그건 오직 의지의 영역이다. 그 결과가 우리 눈앞에 있다. 앞서 언급한 1973년에 그가 작성한 구직신청서가, 2021년 런던 경매에서 무려 22만 2400달러(한화 약 3억 원)에 팔리며, 자신의 가치를 증명했다. 단지 종이 한 장일 뿐이지만,

시대를 뒤흔든 그가 남긴 구직신청서라서 그 의미가 다름을 우리는 알 수 있다.

"모든 변화의 성공은

그것이 가능하다고 생각하는

사람에게만 주어지는 특권이다.

나는 무엇을 생각하는가?

그 생각이 곧 나의 가능성이다."

목소리가 작아서
고민하는 사람들에게

57

남이 자신을 판단하는 기준에 따라
자기의 가치를 결정하는 사람들은
결국 그들 모두의 노예에 불과하다.

Arthur Schopenhauer

천성적으로 작은 목소리로 태어나는 사람이 있다. 그런 경우, 주변을 의식해서 크게 소리를 지르면, 소리가 갈라지거나 얇아져서, 더 이상해진다. 물론, 발성 연습을 오랫동안 하면 나아진다. 하지만 나는, 그런 자신을 인정하고, 그냥 사는 게 낫다고 생각한다. 나 역시 그런 삶을 선택했으니까.

이건 결코 자신이라는 가능성을 그대로 방치하며, 포기하라는 것이 아니다. 오히려 그 반대다. 이를테면, 나는 이런 생각으로 내 작은 목소리를 사랑하며, 쇼펜하우어가 강조한 것처럼 남이 나를 판단하는 기준에 따라 나를 바꾸지 않았다. '나는 목소리가 작아서 크게 소리 지를 수 없어. 하지만 그런 나를 크게 고민하지 않아. 내 목소리가 작으니, 오히려 사람들이 내게 가까이 다가와서 귀를 기울일 테니까. 다만 중요한 건, 다가올 만한 가치 있는 말을 내가 그들에게 할 수 있어야 한다는 거지.'

실제로 나는 작은 목소리는 그냥 두고, 사람들이 다가와서 들을 만한 이야기를 할 수 있는 내가 되려고, 매우 오랫동안 사색하며, '나'라는 인간을 더 나아지게 만들었다. 내게 좋은 책을 읽으면서 사색했고, 사색의 과정에서 나온 모든 영감과 깨달음을 글로 쓰면서, 내가 할 수 있는 모든 걸 다 바쳐서 지성을 단련했다. 그렇게 삶의 태도를 바꾸니, 내 삶에 멋진 일이 생기기 시작했다. 100권 이상의 책을 내며, 매년 100회 이상의 강연을 하게 된 것 역시, 내 작은 목소리로 얻은 결과다.

"야, 그런 목소리로 어떻게 강연을 하냐!", "어디 모기가 날아가나? 속삭이고 있네!" 세상은 이런 방식으로 당신의 단점을 지적하며, 변화를 촉구할 것이다. 하지만 본인을 진정 사랑하고 아낀다면, 단점을 그냥 두고, 그걸 통해서 더 큰 자신이 되길 바란다. 내

게 애정이 전혀 없는 사람의 조언에는 애써 귀를 기울일 필요가
없다.

"내게는 단점이 있다.

하지만 굳이 바꾸지 않는다.

단점도 얼마든지 긍정적으로 활용해서,

더 나은 나를 만드는 데 사용할 수 있다.

나는 나를 바꾸지 않고,

더 큰 나로 키우는 데 집중한다."

친절하고 다정한 말로
자신의 수준 높은 태도를 보여줘라

58

날카로운 화살은
인간의 몸을 찌르지만,
악의에 찬 못된 말은
마음을 찌른다.

Arthur Schopenhauer

아무리 날카로운 화살이라도 사람을 쉽게 죽일 수는 없다. 하지만 말은 다르다. 한마디 말로도 충분히 사람을 죽일 수 있다. 반대로 우리는 언제든지 한마디 말로 넘어진 사람을 일으켜 세울 수 있으며, 불가능한 일도 해결할 수 있다. 말이 아니라, 쓰는 사람의 태도가 문제인 것이다. 결국 친절하고, 다정한 말은 자신이 얼마나 수준 높은 태도의 소유자인지 가장 선명하게 증명한다.

스스로 듣기에도 달콤한 말을 하는 사람은, 나중에 자신의 말처럼 달콤한 인생을 살게 된다. 이를 쇼펜하우어는 극단적으로 이렇게 조언한다. "언제나 입에 설탕을 발라 달콤한 말을 만들어내라. 당신의 적에게조차 달콤하게 들리도록 하라."

그러나 일상에서 흔들리지 않고 친절하고 다정한 말을 들려주는 건, 생각처럼 쉬운 일이 아니다. 그걸 제대로 하지 못해서, 어떤 사람들은 자꾸만 '경솔한 태도를 지닌 사람'이라는 최악의 평가를 받는다.

경솔한 태도만큼 자신의 품위를 떨어뜨리는 것도 없다. 일단 그들은 내면이 허약하고, 깊이가 얕을 가능성이 매우 높다. 게다가 분별하는 능력이 부족하니, 늘 실수를 하고, 스스로 무엇을 잘못했는지조차 몰라서, 실패를 거듭해도 나아지지 않는다.

때로는 듣기 좋은 음악처럼 감미롭고, 친절하며, 언제나 주변에 다정한 말을 들려주는 일상을 유지하고 싶다면, 어떻게 해야 할까? 결코 과도한 무언가가 필요한 건 아니다. 바로 이것, '긍정적인 자세'와 '가벼운 미소'를 가지면 된다. 고개를 숙여 인사를 하는 것도 하나의 방법이지만, 수준 높은 태도의 소유자는 가벼운 미소로도 누구보다 고상하게 인사를 할 수 있다. 그래서 그들은 결코 서두르지 않는다.

"타인의 호감을 사는 멋진 태도는

주변에 친절하고 다정한 말을 들려주는

일상의 꾸준한 연습을 통해서

누구든 자신의 것으로 만들 수 있다.

너무 활짝 웃을 필요는 없다.

가볍게 미소를 짓는 얼굴만으로도

우리는 상대에게 많은 걸 전할 수 있다."

고결한 영혼의 소유자는
비열하게 행동하지 않는다

59

어떤 경우에도
고결한 태도로 적을 상대해야,
사람들도 당신의 승리를
축하하면서 칭찬한다.

Arthur Schopenhauer

오랫동안 친했던 사람과 어떤 일로 다투고, 다시 안 보는 관계
가 되면, 그 순간부터 그와 있었던 온갖 부정적인 추억과 다양한
이야기를 주변에 고의적으로 퍼뜨리고 다니는 사람이 있다. 그런
비열한 행동을 통해서, 자신이 그 사람보다 더 나은 사람이라고
말하고 싶은 것이다. 하지만 모든 그런 비열한 시도의 끝은 좋지

않다. 사람들은 바보가 아니라서, 비열한 태도로 사는 사람에게 좋은 감정을 느끼지 못하기 때문이다.

세상에는 온갖 종류의 싸움이 있다. 정치, 경제, 문화, 예술, 기업 등 수많은 분야에서 지금도 싸움이 일어나고 있다. 그 싸움에서 우리가 추구해야 할 건, 단지 승리만이 아니다. 자신이 뛰어난 사람임을 세상 사람에게 전하려면, 야비하거나 비열한 태도가 아닌 고결한 태도가 필요하다.

비열한 방법으로 이겼다면, 그건 오히려 크게 진 것에 불과하다. 결코 승리라고 말할 수가 없다. 고결한 사람은 금지된 무기를 사용하지 않는 것으로 자신의 수준 높은 태도를 보여준다. 앞서 언급한 것처럼 친구와 절교를 해서 다시 안 보는 사이가 되더라도, 온갖 부정적인 이야기를 무기로 삼아 그를 공격하지 않는다. 아무리 우정이 증오로 끝났다고 해도, 그들은 상대방이 자신에게 주었던 신뢰를 악용하지 않는다. 이에 쇼펜하우어는 다음 3가지를 기억하면, 좀 더 고결한 영혼의 소유자로 살 수 있다고 말했다.

1. 조금이라도 야비한 행동을 하지 마라.
2. 관대한 마음과 성실성을 덕목으로 삼아라.
3. 어떤 경우에도 나쁜 사실만 가져와서 악용하지 마라.

고결한 영혼의 소유자는, 비열한 방법을 사용하지 않는다. 비열한 방법으로 이기는 것보다는, 차라리 완벽하게 지는 게 낫다. 한때 전부였던 상대가 준 모든 비밀과 내밀한 이야기는, 영원히 자신만 아는 이야기로 남겨두라. 그게 아름답다.

필사할
문장

"비열한 수법과 야비한 행동은 나의 것이 아니다.

싸움에서 지더라도, 고결한 태도를 지켜야 한다.

우리에게 중요한 건 당장의 승리가 아니라,

나 자신에게 당당한 사람으로 사는 것이다."

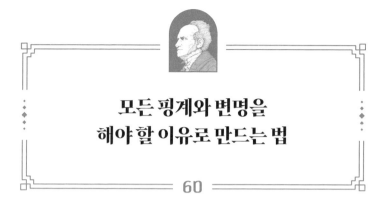

모든 핑계와 변명을
해야 할 이유로 만드는 법

60

살면서 자기 자신에게만
의지하며 살 수 있는 사람,
또한 자기 자신이
삶의 전부일 수 있는 사람이
가장 행복하다.

Arthur Schopenhauer

나는 직장에 다니던 시절, 새벽 4시에 자전거를 타고 출근해서,
저녁 8시에 집에 도착해도, 꼬박꼬박 매년 3권 이상의 책을 냈다.
방법은 간단하다. 모두가 "회사에 다니기 때문에 도저히 글 쓸 시
간이 없어요."이런 변명으로 글을 쓰지 않을 때, 나는 오히려 이런
생각으로 내 하루를 대하는 태도를 바꿨다. "회사에 다니는 덕분

에 글로 쓸 에피소드가 많아요."

쇼펜하우어의 조언처럼 누구나 자기 자신에게만 의지해서, 자기만의 능력으로 세상의 중심에 서고 싶다는 열망을 갖고 있다. 나는 그런 삶을 한마디로 이렇게 압축한다. '부탁만 하는 삶에서 벗어나, 멋진 제안을 던지는 삶!' 그런 삶을 시작하려면, 가장 먼저 '때문에'라는 못난 말을 버리고, '덕분에'라는 멋진 말을 품어야 한다. 그리고 아래에 소개하는 8가지 사항을 읽고, 실천해 보라.

1. 부탁만 하는 인생에는 희망이 없다.

2. 부탁하지 말고, 멋지게 제안하라.

3. 일상을 대하는 태도를 이렇게 바꾸면 된다.

4. 매일 아무도 생각하지 못한 가치를 찾아라.

5. 그 가치를 말과 글로 표현하라.

6. 한눈에 볼 수 있게 압축하라.

7. 한마디로 이해할 수 있게 만들어라.

8. 그렇게 멋진 제안으로 삶을 이끌어라.

언제나 하는 사람은 해내지만, 하지 않는 사람은 뭐든 변명과 핑계로 삼고, 모든 힘을 다해서 하지 않으려고 분투한다. 나의 지혜로운 할머니는 내가 어릴 때, 이런 말을 들려주었다. 그대로 필사해서 내면에 담아보라.

필사할
문장

"사랑하는 종원아,

너는 뭐든 할 수 있지만,

반대로 뭐든 안 할 수도 있어.

하지도 않고, 뭐가 되려고 한다면,

그건 자신에게 거짓을 가르치는 일이지.

나에게 솔직해지자.

그럼, 방법을 찾을 수 있으니,

뭐든 할 수 있어."

마흔 이후에 인생의 결실을 맺게 해주는
3가지 조건

61

20대에는 의지,
30대에는 지성,
40대에는 철학이
그 사람의 인생을 지배한다.

Arthur Schopenhauer

주변에 이렇게 부르고 싶은 사람이 있는가? "어떤 불행도 그의
성장을 막을 수 없다." 언제나 불길한 상황에서도 긍정적인 부분
을 보고, 최악의 상황에서도 감사할 수 있는 지점을 찾는 사람은,
세상에서 가장 강한 사람이다. 누가 와서 방해해도, 그의 성장과
발전을 막을 수 없으니까. 그러므로 그는 홀로 점점 나아진다.

이처럼 세상에서 가장 무섭게 성장하는 사람은, 전혀 다른 태도를 갖고 있다. 만약 당신이 어떤 세상에서도 긍정적인 쪽을 택할 수 있다면, 그리고 감사할 수 있는 지점을 발견할 수 있다면, 누구도 당신의 길을 막을 수 없을 것이다. 특히, 인생의 갈림길 위에서는 마흔 이후에는 더욱 이런 삶을 살아야 한다.

쇼펜하우어는 마흔 이후, 인생의 결실을 맺게 해주는 3가지 조건에 대해서 이렇게 구분해서 설명했다. 풍부한 지성, 투철한 판단력, 기품 있는 일상이 바로 그것이다. 단어로 압축해서 표현하자면, '의지'와 '지성' 그리고 '철학'이라고 말할 수 있다.

마흔 이후 그런 삶을 살기 위해서는, 20대 이후부터 먼저 다음에 소개하는 5가지 사실을 알고 실천해야 한다.

1. 이성적인 판단을 해야 한다.
2. 사물을 식별할 수 있어야 한다.
3. 지성은 칼날처럼 날카로워야 한다.
4. 작은 일에 생각이 복잡해지면, 곤란하다.
5. 의지 안에 지혜가 가득해야 한다.

그의 말처럼 20대에는 의지, 30대에는 지성, 40대에는 철학이 우리의 인생을 지배한다. 우리 모두가 알고 있지만, 삶은 위험한 순간의 연속이다. 그러나 그런 상황에서 가장 알맞은 생각을 해낼 줄 아는 사람은, 반복해서 뛰어난 아이디어를 생산하며, 마흔 이후에 결국 인생을 아름답게 꽃피우게 된다. 그러니 늘 일상의 태도를 점검하라. 오늘 내가 선택한 태도가, 앞으로 내가 어떻게 살아갈지를 결정한다.

"지혜가 이끄는 의지로 20대를 살고,

다시 날카로운 지성으로 30대를,

기품 있는 일상을 통해 나온

자기만의 철학으로 40대를 살면,

이후에는 반드시 자기 삶의

아름다운 꽃을 피울 수 있다."

진짜 배우고 경청한 사람들의 세상에는 실천이 가득하다

62

다른 사람들의 생각에 대한 고려와

지적인 허영심이 없다면,

당신의 시간 낭비는

1/10로 줄어들 것이다.

Arthur Schopenhauer

'저 사람이 오해를 하면 어쩌지?', '내가 쓴 이 글이 과연 맞는 걸까?' 우리가 일상에서 이런 고민을 자주 하는 이유는 무엇 때문일까? 답이 쉽지 않다면, 이렇게 다시 묻는다. 무언가를 결정하고, 시작할 때, 가장 먼저 누구에게 묻는가? 누구에게 묻고, 누구의 의견을 가장 많이 반영하는가?

이 질문은 애초에 탄생할 필요가 없는 우문이다. 내가 무언가를 시작하는데, 왜 타인의 의견이 필요한가? 이 문장을 반복해서 읽어보라. 정말 중요한 부분이다. "시작은 내가 하는데, 왜 그걸 모르는 타인에게 자꾸 의견을 묻는가? 내가 주도해야 할 일에, 왜 타인의 의견을 반영하는가?" 시작부터 주도할 수 없다면, 그건 나의 일이라고 볼 수 없다.

그런 의미에서 세상 사람의 90% 정도는, 지금 나름대로 무언가 일을 하고 있지만, 모두 남의 일을 하고 있는 것과 같다. 대부분 스스로 결정한 것이 아니며, 자기 의지로 하는 것도 아니기 때문이다. 쇼펜하우어는 바로 그 사실을 강조하고 싶었던 것이다. 그는 무언가를 시작할 때, 자신의 의지가 가장 중요하다고 말했다. 그래야 앞서 언급한 것처럼, 시간 낭비를 1/10로 줄일 수 있어서 그렇다.

물론, 어느 정도 타인의 의견을 경청하거나 참고할 필요는 있다. 그것마저 무시하는 건 아니다. 다만, 나는 정도를 말하는 것이다. 시작하는 모든 일에 제3자의 견해가 가장 먼저 고려된다면, 그건 과연 누구의 일이라고 말할 수 있나?

병적으로 타인에게 의지하며 사는 사람이 생각보다 많은 게 사실이다. 경청도 지나치면, 지적인 허영이라고 볼 수 있다. 어느 정도 듣고 배웠다면, 이제 무엇이든 자신의 의지로 시작해야 한다.

"평생 배우거나 듣기만 하고,

무엇 하나 스스로 시작하지 않는다면,

그는 전혀 배우거나 경청한 사람이 아니다.

진짜 공부와 경청은 사람을 움직이니까.

배우고 들었다면, 하나라도 스스로 시작하라."

동의를 구하는 표현의 남발은
자존감을 망친다

63

타인의 의견을 구하는 건 좋다.
다만, 비천해지지는 마라.

Arthur Schopenhauer

가끔 대화 중에 너무 심각하게 상대방의 동의를 구하는 표현을
남발하는 사람을 볼 때가 있다. '대체 이 사람은 왜 이러는 거지?'
라는 생각이 들면서, 호감도가 확 떨어지는 게 사실이다.

쇼펜하우어가 말한 것처럼 "그렇지 않나요?", "그렇지요?", "이
게 맞죠?"라는 말을 습관적으로 하며, 상대의 동의를 구하는 건,

자존감 형성의 측면에서 볼 때 좋지 않다. 처음에는 그렇지 않더라도, 사람의 인생과 생각은 결국 말을 따라가므로, 이런 사람이 될 가능성이 높아서 그렇다.

1. 자기 의견에 대한 자신감이 없는 사람
2. 상대의 동의를 구해야만 안심이 되는 사람
3. 칭찬이나 인정을 받아야 움직이는 사람

고독한 상태의 나를 마주하며 견딘다는 건, 무엇을 의미하는 걸까? 그건 바로, 굳이 자기 생각을 누군가 동의하거나 인정하지 않아도, 그런 이슈로 흔들리지 않는다는 사실을 뜻한다. 상대방에게 동의를 구하는 표현도 적절하게 하면 좋지만, 과하면 도리어 자신을 망친다. 그런 말이 습관이 되기 전에, 이런 '확신의 말'을 습관으로 만드는 게 자신을 위해 좋다.

1. 제 결론은 이렇습니다.
2. 그렇게 하면, 가능하다고 생각합니다.
3. 이게 그것에 대한 제 생각입니다.
4. 제가 찾은 가장 좋은 방법입니다.
5. 그건 이렇게 생각할 수 있습니다.

물론, 상대의 의견이나 생각을 아는 건 매우 중요하다. 하지만 상대의 생각을 아는 것과 상대의 결정을 기다리는 행위는, 전혀 다르다는 사실을 깨달아야 한다.

"분명한 자기 생각을 갖고 움직이는 것과
주변 사람들의 의견에 의지하며 움직이는 건 다르다.
자신이 시작한 일의 주인으로 살고 싶다면,
언제나 자기 생각을 믿고 의지하라.
나는 나를 의지하며 살아야 한다.
스스로 비참해지지 마라."

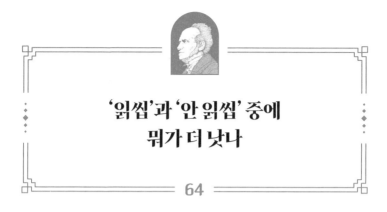

'읽씹'과 '안 읽씹' 중에
뭐가 더 낫나

64

정신력의 한계가
그 사람이 가질
행복의 수준을 결정한다.

Arthur Schopenhauer

　메시지를 보냈는데, 상대가 읽고도 답신을 하지 않을 때 '읽씹'
이라고 말하고, 읽지도 답신도 하지 않는 걸 '안 읽씹'이라고 한다.
당하는 사람 입장에서 뭐가 더 나쁠까?

　무엇이 더 나쁘고, 나은 경우인지 판단하는 건 쉽지 않다. 정말
바빠서, 읽었지만 답신을 못 했을 수도 있고, 읽을 시간조차 내지

못할 정도로 바빠서 읽지 못 했을 가능성도 있기 때문이다. 또한 글을 쓰는 것 자체가 느려서, 지금 답신을 보내는 중일 수도 있다.

생각은 다양할 수 있다. 그런데 나는 대체로 안 읽씹이 조금 더 낫다고 생각한다. 읽지도 않는 것 자체가, 메시지를 보낸 사람에게는 최악일 수는 있지만, 아예 읽지 않는 선택에는 생각보다 강력한 정신력이 필요해서 그렇다.

한번 생각해 보라. 화면에 떠서 대충 어떤 메시지인지 굳이 읽지 않아도 아는 경우에는 다르지만, 보통은 메시지를 확인하려면, 반드시 클릭해서 전문을 읽어야 한다. 읽고 싶다는 호기심 때문에 이건 생각보다 꽤 강력한 자제력이 필요하다. 하지만 그는 자신을 억제하며, 읽지 않는 그 선택을, 하나의 메시지처럼 상대방에게 보여준 것이다. 읽어서 확인하고 싶은 욕망을 강한 정신력으로 이겨내고, 상대방에게 읽지 않겠다는 메시지를 보낸 것과 같다.

'싫으면 싫다고 해.', '왜 답을 보내지 않냐?', '이거 나 무시하는 거냐!' 이렇게 생각할 수도 있다. 이때 우리는 쇼펜하우어가 남긴 행복해지는 방법을 돌아봐야 한다. '이것도 그가 내게 보낸 하나의 메시지구나. 그래, 알겠다.'라는 식으로 생각하고, 그냥 지나간다면, 바보처럼 스스로 자신을 아프게 만들지 않을 수 있다.

많은 사람이 다양한 삶의 현장에서 슬픈 결말을 알고 있으면서도, 굳이 그걸 확인하려고 한다. 확인한다고 사실이 달라지진 않는다. 그래서 쇼펜하우어는 정신력의 한계가 그 사람이 가질 행복의 수준을 결정한다고 말했다. 이 사실을 꼭 기억하라. 나를 아프게 하는 건 굳이 열어서 확인할 필요가 없다. 오히려 확인해서 목격하게 되면, 생생한 현실이 되어서 더 가슴 아프고 괴롭다.

"강력한 정신력을 가진 사람들은
늘 자신에게 행복이 될 수 있는
선택을 반복해서 해낸다.
강력한 정신력이
강력한 행복을 준다."

김종원의 세계철학전집
✕
쇼펜하우어 for 자존감

6장

일상

: 내 가치를 증명해 내는 기술

Arthur Schopenhauer

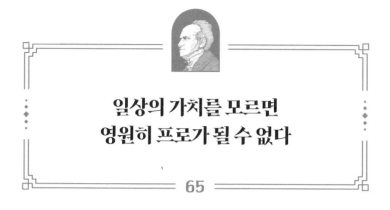

일상의 가치를 모르면
영원히 프로가 될 수 없다

65

인생의 기쁨은
별 의미가 없는 사소한 계기를 통해서
일상의 곳곳에서 나타난다.

Arthur Schopenhauer

먼저 하나 묻는다. "한국 혹은 세계를 대표하는 영화감독들은 좋은 영화를 만들기 위해 무엇을 가장 많이 할까?" 이 질문에 만약 당신이 "영화 제작에 참고하기 위해 각종 영화를 모두 섭렵하며, 치열하게 경쟁작을 관찰하듯 연구했겠죠."라고 답했다면, 당신이 어떤 일을 하는지는 모르겠지만, 당신의 대답은 여전히 자신이 아마추어임을 증명하고 있다는 사실을 자각해야 한다.

실제로 그들은 보통 사람들보다 오히려 영화를 덜 감상한다. 대신 일상에 무섭게 집중한다. 그렇게 일상에서 영화가 될 요소를 찾는다. 다시 말해서, 영화에서 영화를 찾는 사람은 아마추어다. 음악도 역시 마찬가지다. 일본의 음악가 사카모토 류이치는 생전에 자동차에서 음악을 듣지 않았다. 이유는 간단하다. 자동차 엔진 소리가 들려주는 음악을 감상하기 위해서였다.

프로란 그런 것이다. 자기 분야에서 프로가 되고 싶다면, 매우 중요한 말이니 꼭 기억하라. 프로는 A를 생산하기 위해 A를 관찰하지 않는다. 다만, A를 제외한 모든 나머지의 것에서 '자기만의 A'를 찾아낸다. 뭔가 강렬한 것이 느껴지지 않는가?

그래서 그들이 선보이는 것들은 항상 스케일이 광활하고, 다른 이는 짐작도 할 수 없다. 게다가 놀랍도록 끝없이 창조하고, 또 창조한다. 그들의 창조는 죽기 직전까지 이어진다. 사카모토 류이치로 예를 들자면, 이유는 간단하다. 죽음이 눈앞에 오는 소리를 감상하면서도, 그 공간 안에서 음악을 발견할 수 있어서다. 이 같은 이유로 모든 분야의 프로는 웃으며 세상을 떠난다. 살아 있는 자는 영원히 모르는 영감을 안고 떠나는 덕분이다.

내가 존경하는 사색의 스승 故 이어령 선생도 마찬가지였다. 그는 세상을 떠나기 직전, 내게 이런 말을 들려줬다. "죽음이 내게

다가오며 무엇을 가르쳐주는지, 내가 생생하게 보고, 느낀 것을 글로 남기고 싶어." 이 말의 의미를 이해할 수 있다면, 아마 당신도 이제부터는 진짜 하루를 살 수 있게 될 것이다.

필사할
문장

"지금 여기에 모든 것이 다 존재한다.

일상이 내가 가진 최고의 무기다.

무엇을 봐야 할지 아는 사람은

일상을 결코 쉽게 지나치지 않는다.

그날 하루하루에 모든 정신을 쏟아라."

나는 나로 살면서
나를 증명할 것이다

66

내가 먹은 것은 나의 육체가 되고,
내가 읽은 것은 나의 정신이 된다.
먹고, 읽은 모든 것이
현재의 나를 완성한다.

Arthur Schopenhauer

　누구나 쉽게 말한다. "그대 자신의 삶을 살아라."라고. 진리에
가까울수록 말하기는 쉽다. 그러나 실천은 더 어려워진다. 그렇다
면 이런 사실을 자각할 필요가 있다. 아는 것 같지만 실천이 어렵
다면, 그건 삶의 진리일 가능성이 높다.

　쇼펜하우어는 음식과 책을 통해서 우리 삶의 가치를 설명했다.

몸에 좋은 음식을 적당히 먹고 멈추는 삶, 영혼에 좋은 책을 선택해서 충분하게 읽고 공급하는 삶은, 역시 누구나 알지만, 실천이 어려운 일이다. 그런 삶을 살 수 있다면, 누구든 자신이 추구하는 모든 것을 세상에 멋지게 펼치며, 자신이 어떤 사람인지 매 순간 생생하게 증명하면서 살 수 있을 것이다. 과연, 그런 삶은 어떻게 살아야 가능할까?

내가 찾은 방법은 다음 6가지다. 아래에 소개하는 6가지 지침을 읽으며, 자기 삶에 맞게 변주해서 적용해 보라.

1. 나는 누구에게도 길들여지지 않는다.

   우리는 길들여지기 위해 태어난 게 아니다.

   어떤 경우에도 자신을 주장할 수 있어야 한다.

2. 내가 사색해서 얻은 지식만 나의 지식이다.

   검색은 타인의 지식을 찾는 일이고,

   사색은 나만의 지식을 찾는 일임을 기억하자.

3. 사색하며 사는 자는, 자신의 명령에만 반응한다.

   명령에 익숙해지면, 나중에는 명령을 기다리게 된다.

   그 어리석은 삶에서 벗어나려면, 내면의 소리에 귀를 기울여라.

4. 행복해지려면, 불행과 친해져야 한다.

   불행을 자주 만나서 경험하고, 아파해 봐야,

   행복이 뭔지 알 수 있다.

   불행을 피하지 말고, 직면하며, 섬세하게 관찰하라.

5. 일상에 모든 것이 있으니, 자신에게서 구하라.

   다른 세상, 다른 사람, 다른 환경을 요구하지 마라.

   내 성장에 필요한 모든 조건은 내 안에 모두 존재한다.

6. 다수는 그저 숫자가 많은 존재일 뿐이다.

   숫자가 많다고, 그게 정답일 수는 없다.

   숫자가 아닌 그 안에 녹아 있는 의미를 바라보라.

"인간은 자기 자신을 위해서 살 때,

가장 진실해진다.

내 삶이 탄탄해지고,

안정된 상태가 되어야

마음도 차분해진다.

홀로 설 수 있을 때까지는

자기 자신의 성장만 생각하라."

자기 삶의 천재가 되는
3단계 과정

67

학자란, 그저 많은 책을 읽은 사람이지만,

자기 삶을 개척한 사상가나 천재란,

'일상이라는 책'을 살아낸 사람이다.

Arthur Schopenhauer

위에서 쇼펜하우어가 말한 자기 삶을 스스로 개척한 천재가 되려면, 다음 3가지를 이렇게 바꿔서 살아야 한다.

1. 어려운 것은 '쉽게' 만들고,

2. 쉬운 것은 '깊게' 만들고,

3. 깊은 것은 '도움이 되게' 만들어야 한다.

그럼, 무엇이 필요할까?

1. 어려운 것을 쉽게 만들기 위해서는 → 사색이 필요하다(필사가 도움이 된다).
2. 쉬운 것을 깊게 만들기 위해서는 → 글쓰기가 필요하다.
3. 깊은 것을 도움이 되게 만들기 위해서는 → 인생이 필요하다.

결국, 글이 될 수 있는 일상을 살아야 한다. 그래야 누구든 자기 삶의 천재가 될 수 있다.

여기에서 작은 희망을 하나 선물하고 싶다. 사실 글은 재능이 있어서 쓰는 게 아니라, 재능이 생길 때까지 쓰는 것이다. 매우 중요한 지점이다. 나는 100권이 넘는 책을 냈지만, 내 모든 글은 전부 '간신히' 쓴 것이다. 쉽지 않지만, 그럼에도 계속 쓰면서, 내게는 어제 가지고 있지 못했던 재능이 조금씩 생긴다.

'글의 질'은 자신의 의지로 쉽게 향상할 수 있는 것이 아니다. 하지만 스스로 만족할 수 없어도, '글의 양'은 얼마든지 일정하게 유지하거나 늘릴 수 있다. 이 부분을 꼭 기억해야 한다. 누구든 '쓰는 분량'을 점점 늘리면, 결국 그게 매일 반복하는 루틴이 되며, 어느 순간부터 글의 질이 향상되는 기분이 든다. '쓰는 양'을 지속적으로 늘리면, 그 끝에서 '질의 향상'이 이루어진다.

나도 처음에는 매일 원고지 10매 분량의 글을 쓰면서 글쓰기를 연습했다. 중요한 건 반복했다는 점이다. 힘들지만 치열하게 반복하는 루틴을 통해 이제는 원고지 50매 분량의 글을 쓸 수 있게 되었고, 이제야 글의 질이 아주 조금 향상되는 걸 느끼고 있다. 매일 원고지 50매를 쓰는 일이 수월해지면, 그때 글의 질이 향상되기 시작한다.

다음 글을 읽고 필사하면, 왜 글을 써야 하고, 왜 그런 삶이 힘들며, 그럼에도 왜 정진해야 하는지 깨닫게 될 것이다.

"글쓰기가 힘들다는 건,

자신을 감당하기 힘들다는 의미다.

글쓰기가 부끄럽다는 건,

자신을 부끄럽게 생각한다는 뜻이다.

글쓰기가 뭔지 모르겠다는 건,

자신이 무엇을 원하는지 모른다는 말이다.

무엇을 써야 할지 모르겠다는 건,

내가 무엇을 원하는지 모른다는 소리다.

사는 이유를 모르는 사람은

써야 할 이유도 알 수 없다.

필사를 먼저 시작해야 하는 이유가 여기에 있다.

삶의 방향을 찾을 수 있게 돕는 글을 필사하며,

자기만의 사는 이유를 찾아라.

그럼, 자기만의 글을 쓸 수 있게 되면서,

살면서 얻지 못한 모든 것을 차근차근 갖게 된다."

창가에 앉아서
지나가는 사람들의 시선을 견딜 수 있나

68

인간이 인생에서 겪는
슬픔의 대부분은,
다른 사람들과의
관계에서 시작한다.

Arthur Schopenhauer

　식당이나 카페의 테라스 근처의 자리는, 언제나 사람들에게 인기가 높아서 경쟁이 치열하다. 그러나 문제가 하나 있다. 거기에 앉으면, 바깥에 지나가는 사람들의 시선을 받게 된다는 점이다. 이때, 성향에 따라 앉아 있는 사람의 반응은 둘 중 하나다. 대다수는 바로 이것. "뭐야, 그냥 가지 왜 쳐다보고 난리야!" 이들은 사람들이 지나가며 자기를 바라볼 때마다, 신경질적인 반응을 보인다. 간혹 째려보며, 분노를 표출하기도 한다. 반면, 다른 반응을 보이는 사람도 있다. 그들은 아무리 지나가는 사람들이 쳐다봐도, 어떤 동요도 하지 않고, 그냥 하던 일을 계속한다. 마시던 커피를 즐기고, 계속해서 식사를 자연스럽게 이어 나간다. 이유는 간단하다. 그 정도의 시선은 스스로 감수하겠다는 생각으로 앉아서다.

많은 사람이 창가나 테라스 자리에 앉으려고 한다. 하지만 보통은 좋은 자리에 앉는 것만 생각하지, 그 자리에 앉고 난 후에 일어나는 일에 대해서는 고려하지 않는다. 거기에 앉으면, 당연히 지나가는 사람들의 시선을 받을 수밖에 없다. 이건 누구도 피할 수 없어서 반드시 겪을 수밖에 없는 문제다. 변함없는 인생의 진리는, 거기에는 수많은 시선을 감수할 수 있는 사람이 앉아야, 그 자리가 더 빛난다는 사실이다. 이는 의지로 해결할 수 있는 문제가 아니다.

다른 자리도 모두 마찬가지다. 팀장이라는 자리, 대표라는 자리, 리더라는 자리 등. 대우가 좋거나 환경이 좋다고, 모두가 앉을 수 있는 건 아니다. 운이 좋아서 앉게 되어도, 수많은 압박과 시선을 견딜 내면의 힘이 없다면, 이내 일어서야 한다. 운이 좋아서 주어진 자리에서는, 오래 버티지 못하게 된다. 앉아서 견딜 능력이 없기 때문이다.

"운은 그냥 주어지는 선물이 아니다.

좋은 기운이 들어오면,

노를 젓겠다는 생각은 어리석다.

노는 늘 젓고 있어야 한다.

그래야 좋은 기운이 들어올 때,

모든 압박과 시선을 이겨내고,

그 자리를 지켜낼 수 있다.

24시간 내내 준비하는 사람에게,

그 24시간을 빛낼 1초가 찾아온다."

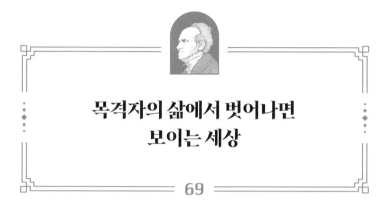

목격자의 삶에서 벗어나면
보이는 세상

69

한 사람이 가진
인생의 의미는,
그 사람이 가진
책임의 크기와 비례한다.

Arthur Schopenhauer

"그건 내 책임이 아니지.", "나한테 왜 그래, 난 아무것도 몰라."
이런 방식의 말을 자주 하면서, 책임을 전혀 지지 않으려고 하는
사람들의 삶에서 발견할 수 있는 결정적인 특징이 하나 있다. 그
건 바로 성장하지 못한다는 사실이다. 게다가 책임이 없는 삶에는
의미 있는 일이 일어나지 않기 때문에, 점점 인생의 의미를 찾을

수 없는 하루를 살게 된다. 책임을 지지 않고 사는 삶을 '독서'와 '강연'에 변주해서 표현하면 이렇다.

"나도 그 강연 들어봤어.", "그 책 나도 읽었지." 보고 들었다고, 그게 해봤다는 증거는 아니다. 책을 읽거나 강연을 듣는 건, 극단적으로 말하자면 '목격'이다. 독서는 '삶'으로 읽는 것이지, 결코 '눈'으로 읽는 게 아니다. 눈으로만 읽는 건, 치열하게 해본 적이 있는 사람이 쓴 말과 글을 단순히 목격한 것에 불과하다. 책 100권을 읽었다는 것은 그래서 조금도 대단하지 않다. 100권을 목격했다는 말과 다르지 않아서 그렇다. 이제는 단순하게 눈이 목격하는 독서에서 벗어나, 삶이 경험하게 하는 독서로 수준을 끌어올려야 한다.

독서와 글쓰기 그리고 온갖 강연을 들었던 경험은 반드시 나를 성장시킬 수 있어야 한다. '목격자'의 삶에서 벗어나야 가능한 일이다. 그리고 목격자의 삶에서 벗어나면, 보이는 세상이 다르다. 지금까지와는 전혀 다른 세상을 만나고 싶다면, 일상에서 이 사실을 반드시 기억하라.

1. 그냥 본 것과 해본 건 다르다.

2. 해봐야 안다고 말할 수 있다.

3. 목격자가 아닌 실천자가 돼라.

4. 보기만 하면, 바로 사라진다.

5. 실천한 후에 쓰는 글이 진짜다.

"그냥 보고, 듣고, 생각한 것은

그저 목격한 것에 불과하다.

하나라도 해봐야 달라진다.

눈이 아니라 머리와 몸을 사용하라.

다르게 느끼고, 다르게 활용하려면,

목격자가 아닌 실천자가 되어야 한다."

나를 놀리는 소리에 반응하지 말고
바람처럼 지나가라

70

누군가 당신을 놀리면, 참아라.
그리고 그를 놀리지도 마라.

Arthur Schopenhauer

놀리는 건 나쁜 일이다. 그래서 간혹 참지 못하고, 자꾸만 반응하게 된다. 하지만 그건 지혜로운 선택이 아니다. 놀리는 행위는 그 사람의 수준 낮은 지성을 증명하기 때문에, 그와 말을 섞기 위해서는 같이 수준이 낮아져야 해서, 오히려 자신에게 유해하기 때문이다. 즉, 놀림을 당하고, 수준까지 낮아져야 한다.

누군가가 나를 놀리는 현장에 있을 땐, 가급적 그 자리를 빠르게 벗어나라. 중요한 건 일단 참아야 한다는 것이고, 동시에 발끈해서 대응하며, 함께 놀려서는 안 된다는 사실이다. 쇼펜하우어가 소개한 다음 3가지 태도를 기억하면, 좀 더 지혜롭게 그 상황을 벗어날 수 있다.

1. 사람들이 모인 장소에서 처음부터 끝까지 계속해서 불쾌하고, 기분 나쁜 표정으로 있는 사람은 구제 불능에다가, 매우 귀찮은 존재다. 말을 섞지 않는 게 좋다.
2. 악의 없는 농담을 이해하고, 받아들이며, 함께 웃을 수 있다는 건, 매우 아름다운 일이다. 그러나 들어서 기분이 나쁘다면, 그건 이미 농담이 아니므로 반응하지 마라.
3. 누군가가 딱 듣기만 해도 놀리는 뉘앙스가 가득한 농담을 한다면, 그가 농담을 멈추게 해야 한다. 이때 필요한 게 화제를 다른 곳으로 돌리는 일이다. 화제를 살짝 돌리고, 빠르게 그 자리를 벗어나라.

어떤 농담이라도, 타인을 놀림감으로 삼는 선택은 예의가 아니다. 누군가의 마음을 아프게 하거나 힘들게 하지 않으면 농담을 하지 못할 정도로, 수준 높은 어휘력과 문해력의 소유자가 아니라는 증거이기도 하다. 당연히 인격적인 부분에서도 평균 이하일 가능성이 매우 높다. 굳이 그런 사람과 가깝게 인연을 맺을 필요는 없다. 나를 힘들게 만드는 나쁜 사람까지 모두 이해하려고 하지 말자. 세상에는 내게 필요 없는 사람도 있는 법이다.

필사할
문장

"세상에 사람은 많다.

보낼 사람은 바로바로 보내야

내 공간을 좋은 사람으로 채울 수 있다.

망설이지 말고 보내자.

내 인생은 망설일 정도로 길지 않다."

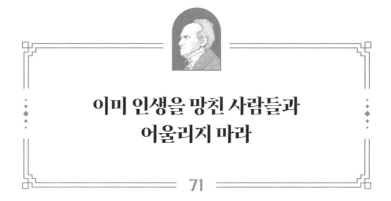

이미 인생을 망친 사람들과
어울리지 마라

71

개인적인 비밀일수록
마음 깊이 숨겨 두어야 한다.
아무리 친한 친구라 해도,
공개된 모습만 보여주는 게 좋다.

Arthur Schopenhauer

쇼펜하우어는 관계에 대한 조언을 매우 자주 한다. 또한 그 언어가 냉정하게 느껴질 정도로 매우 분명하다. 인간은 결국, 온갖 관계를 통해 성장하거나 몰락하게 되는 존재여서다.

그가 이미 인생을 망친 사람들과 어울리지 말라고 조언하는 이유는, 안타깝지만 그들이 거짓말을 습관처럼 하기 때문이다. 그래서 그는 누군가가 거짓말을 하고 있다는 생각이 들면, 그것을 진실로 받아들이는 듯한 태도를 취해 보라고 조언한다. 이유는 간단하다. 그러면 상대방은 더욱 신이 나서 더 큰 거짓말을 하다가, 끝에는 스스로 가면을 벗어버릴 거라는 것이다.

쇼펜하우어가 이렇게 강한 언어로 그들과 어울리지 말라고 조언한 이유를 7가지로 나눠서 소개하면 이렇다.

1. 그들은 당신의 장점이 아닌, 흠집을 찾는다.

2. 질투로 가득해서, 속마음을 드러낼 수도 없다.

3. 말과 행동이 너무 가벼워서, 모두 흩어진다.

4. 부정적인 생각이 가득한 공간은 좋을 게 없다.

5. 그들은 모든 불행을 남의 탓으로 돌린다.

6. 인생에 대한 계획이 존재하지 않는다.

7. 긍정, 야심, 희망을 전혀 찾을 수 없다.

이미 인생을 망친 사람들은, 평생 그렇게 살았기에 습관처럼 거짓말을 하고, 동시에 어리석게도 늘 운명을 탓하며 산다. 그건 마치 변하지 않는 공식과도 같다.

이쯤에서 정말 중요한 사실을 하나 공개한다. 세상에는 2가지의 나쁜 행동이 있는데, 하나는 자신을 망치는 어리석은 행동이고,

다른 하나는 남을 망치는 사악한 행동이다. 하지만 사악한 행동은 사후 저세상에 가서 벌을 받는 반면에, 어리석은 행동은 지금 이 세상에서 벌을 받는다. 그래서 앞서 말한 것처럼, 이미 인생을 망친 어리석은 자는 늘 운명을 탓하며, 하소연을 하게 된다.

필사할
문장

"거짓말을 습관처럼 하는 사람은
이미 자신의 인생을 망친 사람일 가능성이 높다.
어떤 도둑도 자신을 속이는 건 어려운데,
그들은 매일 자신까지 속이며 살기 때문이다.
부정적인 기운이 가득한 공간에서는
성장과 행운의 기회를 잡을 수 없으니,
진실과 좋은 마음이 가득한 곳으로 이동하라."

자존감 높은 이들의
자신을 지키는 5가지 비결

72

불행하고, 고통스러울 때,
우리가 할 수 있는 가장 쉬운 위로는
나보다 더 불행한 자를 보는 것이다.
하지만 타인의 불행을 통해
행복을 느끼려는 모든 시도는
수준 낮은 하루를 시작하게 만든다.

Arthur Schopenhauer

자존감은 조립을 하듯 단지 시간과 정성을 투자한다고 쉽게 만들 수 있는 게 아니다. 자존감은 빼앗기기 쉬운 것이라서, 늘 소중히 간직해야 하기 때문이다.

대다수는 자기보다 처지가 안 좋은 사람들을 보며 위로를 받고, '그래도 내가 낫네.'라는 위안을 하지만, 쇼펜하우어는 그게 가장 확실하게 스스로를 망치는 선택이라고 외친다. 나는 그의 삶과 그가 남긴 문장을 통해서, 높은 자존감의 소유자들이 어떻게 자신을 지키며 사는지 알 수 있었다. 그 내용은 이렇다. '나'를 중심에 두고, 읽을 수 있게 했으니, 먼저 낭독을 한 후에 필사를 해보라.

1. 자신만 바라보기

사람 사는 게 모두 그게 그것인 듯하지만, 자세하게 들여다보면, 절대 그렇지 않다. 나와 남은 서로 환경과 처지가 다르다. 성격과 상황에 따른 행동의 방향도 다르며, 같은 표정을 짓고 있어도, 마음이 흐르는 방향이 모두 다르다. 그게 바로 남을 본보기로 삼고, 행동하는 게 좋지 않은 이유다. 나는 나를 연구하고, 관찰하는 사람이어야 한다.

2. 독창성 지키기

수많은 사람 중에서 내가 존재의 의미를 가지려면, 독창성이 있어야 한다. 독창성을 잃으면, 모든 걸 잃게 되는 것이다. 스스로 납득을 할 때까지 깊이 사색하고, 반성과 보완을 한 이후에는, 반드시 본인의 철학에 맞게 행동해야 한다. 모든 과정에 내가 있어야, 독창성을 지킬 수 있다.

3. 반박하지 않기

최대한 남의 의견에 반박하지 말자. 그가 그렇다고 믿고 있는 그 사실이 틀렸음을 그에게 납득시키려면, 천재적인 지능으로 1,000년을 투자해도 성공하기 어려울 것이다. 게다가 남의 감정을 상하게 하면서까지 굳이 잘못을 바로잡을 이유는 없다. 나는 나의 성장에만 집중하면 된다.

4. 냉정한 태도

주장하고 싶은 의견이 있다면, 괜히 열을 올리지 말고, 최대한 냉정해야 한다. 지성이 높아질수록 소리는 작아진다. 메시지가 선명해지면, 굳이 열을 내며 소리칠 필요가 없기 때문이다. 메시지가 모호하면 소리가 커지고, 소리가 커지면 상대는 나의 주장이 이기적인 욕심에서 나온 것으로 생각하게 된다.

5. 자랑하지 않기

최대한 자기 자랑은 참는 게 좋다. 스스로 자랑하는 행위는, 정말로 좋을 게 단 하나도 없기 때문이다. 이유는 내가 아닌 상대방에 있다. 나의 자랑 안에 녹아 있는 땀과 노력한 시간을 발견할 정도로, 수준 높은 지성인이 별로 없어서 그렇다. 무언가를 통찰할 만한 지성의 숫자는, 언제나 극소수라는 사실을 기억하자.

"높은 자존감은 일종의 선택이다.

나보다 나은 사람을 바라보며,

그들에게 하나하나 배우겠다고 생각해라.

굳이 반박하거나 비난하려는 의지를 버리면,

그 선택만으로도 나의 자존감은 높아진다."

무기력에 빠지지 않고
잔잔한 행복을 즐기는 사람들의 비밀

73

참혹하도록 비참해지지 않는
가장 안전한 방법은,
큰 행복을 기대하지 않는 것이다.

Arthur Schopenhauer

'나는 대체 언제 행복할 수 있을까?', '진짜 아무것도 하고 싶지
가 않네.', '뭐가 문제지? 나는 지금보다 더 나은 삶을 원했는데.'
이런 생각에 잠겨서 자꾸만 무기력한 하루를 살게 되고, 불행한
일이 자주 찾아온다면, 이걸 의심할 필요가 있다. '내가 너무 완벽
한 행복을 바라는 건 아닐까?'

여기까지는 누구나 아는 말이다. 본론은 지금부터다. 쇼펜하우어는 "아무리 건강한 사람도 작은 상처나 통증이 갑자기 생기면, 자신이 건강하다는 사실을 잊고, 끊임없이 작은 상처에만 정신이 쏠려, 나쁜 기분으로 하루를 살게 된다."라고 말했다. 여기에 매우 중요한 힌트가 있다. 더 완벽해지려고 하는 마음이, 우리의 감각을 자꾸만 작은 상처나 슬픔까지도 하나하나 민감하게 반응하게 만든다. 모든 게 다 완벽할 정도로 좋아야 하기 때문이다. 그건 완벽을 향한 충동이 아니라, 나약한 내면의 소유자라는 증거일 뿐이다.

그들은 모든 일이 본인 뜻대로 되더라도 한 가지만 어긋나면, 아무리 그게 사소하고, 하찮은 것이라도, 자신의 신경을 계속 자극한다. 현재가 주는 행복의 가치를 잘 모르는 사람들은 보통, 잘되는 일이 아닌 안되는 일을 자주 생각하며, 뜻대로 되고 있는 소중한 일에 대해서는 별로 신경을 쓰지 않기 때문이다. 하지만 세상 어디에도 그런 완벽한 행복은 없다.

일상도 마찬가지다. 늘 좋은 소식만 들리는 사람은 세상에 없다. 그러나 본인 의지로 그런 하루를 만들 수는 있다. 다음에 소개하는 3가지 태도로 그런 하루를 만들 수 있으니, 낭독과 필사로 당신의 태도가 될 수 있게 만들어 보라.

"하나, 내게 더 '소중한 사람'을 자주 생각한다.

둘, 자주 생각할 만한 '가치 있는 것'을 떠올린다.

셋, 내게만 있는 아주 '특별한 장점'을 소중히 여긴다."

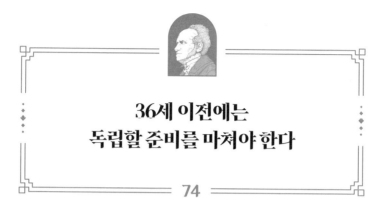

36세 이전에는
독립할 준비를 마쳐야 한다

74

모든 인간은 청춘의 힘을
소중히 간수해야 한다.
청년 시절에 자신을 혹사하면,
나중에는 영영 일어서지 못한다.

Arthur Schopenhauer

쇼펜하우어는 특별히 젊은 시절의 시간을 매우 중요하게 생각
했다. 그가 생각하는 젊은 나날의 가치를 한 문장으로 압축하면
이렇다. "체력을 기준으로 말하면, 36세까지는 싱그러운 생명이
주는 이자로만 살아가는 사람과 같아서, 오늘 소모한 체력은 내일
이 되면 회복된다."

그는 분명히 36세라는 시점을 언급했고, 아무리 체력을 소모해도 활기를 유지할 수 있는 이유는 계속해서 활력이라는 이자가 나오는 덕분이라고 설명했다. 그러나 이후의 시간은 다르다. 36세 이후에는 자기 자본을 갉아먹기 시작하며, 회복이 점점 힘든 상태가 되기 때문이다. 그래서 36세 이전에 자신의 시간을 함부로 사용한 사람들은, 내면에 쌓은 게 없으니 손실이 점점 늘어가며, 나중에는 무엇도 남아있지 않은 자신의 바닥을 만나게 된다. 하루하루 어제보다 가난해지며, 나중에는 아무것도 남지 않아서 불안하고, 무기력한 나날을 살게 된다.

36세 이전에 자신의 하루를 값지게 보내지 못한 사람들이 나중에 이런 방식으로 세상을 원망하게 되는 이유가 바로 여기에 있다. "세상이 이 모양이니 내가 제대로 살 수가 없지.", "이게 정상이 아니잖아. 내 잘못은 없다고!" 이런 말이 순간적으로 위로가 될 수 있겠지만, 길게 바라보면, 그저 허무한 외침이라서 더욱 연약해진 자신을 만날 뿐이다. 그래서 쇼펜하우어가 말하는 독립이란, 어떤 주변의 소음과 흔들림에도 동요하지 않고 살아갈 수 있는 단단한 사람으로의 성장을 의미한다.

내면에 평화와 안정이 깃든 사람은, 36세 이전부터 주변 사람들에게 이런 근사한 기분을 선물한다. 하루라도 빨리 낭독하고, 필사하면서, 어떻게 지금의 나를 바꿔야 하는지 생각해 보자.

"아무리 근사한 옷으로 갈아 입어도

사람의 내면까지 변하지는 않는다.

나는 앞으로 이런 사람이 될 것이다.

자꾸 신경을 써야 하는 사람이 아닌,

강물처럼 모든 것을 안아주는 큰 사람.

기분에 따라서 모든 원칙이 달라지지 않고,

예측 가능한 감정 안에서 움직이는 사람.

생각하면 자꾸만 안기고 싶은 넓고, 아주 깊은 사람."

골치 아픈 일에
휩쓸리지 않고 사는 법

75

세상에는 놀랍게도
'불쾌'라는 이름의 약을
날마다 먹지 않으면,
살 수 없는 사람들이 있다.

Arthur Schopenhauer

자기 삶의 평온이나 평화를 지키고 싶다면, 아무리 친한 사람이라고 할지라도, 서로를 위해 조언은 하지 않는 게 좋다. 현실상 그게 쉽지 않다면, 정말 어쩔 수 없는 큰 문제가 생겼을 때만, 잠시 조언 정도 들려주는 선에서 끝내는 게 좋다. 그 이유를 간단하게 7 가지로 설명하면 이렇다.

1. 제발 고통의 씨앗을 건드리지 마라.

2. 신중하게 생각하면, 머리 아픈 일이 생기지 않는다.

3. 듣기만 해도, 속이 울렁거리는 소식은 듣지 않는다.

4. 설령 들었다고 해도 남에게 전하지 않는다.

5. 허울 좋은 빈말만 듣기 좋아하는 사람을 멀리한다.

6. 자극적인 소문만 믿고, 좋아하는 사람을 구분한다.

7. 자신의 행복마저 희생하며, 남을 돕지 마라.

쇼펜하우어의 말처럼, 세상에는 '불쾌'라는 감정을 마치 음식처럼 매일 먹어야만 하는 사람들이 존재한다. 요청하거나 원하지도 않았는데, 자꾸만 조언을 하거나, 남의 부정적인 소문을 들려주고, 자극적인 기사와 편향적인 성향에서 나온 지식을 알려준다. 이런 이들은 스스로 자신에게 불쾌라는 감정을 매일 먹이는 것과 같다. 듣기 싫은 이야기를 듣고 있는 수많은 사람이 그에게 불쾌한 마음을 전하기 때문이다. 결국에는 그 자리에 있는 모든 사람의 기분이 불쾌한 상태가 된다. 하지만 관계를 쉽게 끊기 힘들어서, 어쩔 수 없이 그들의 말을 억지로 들어주게 된다.

이때는 반드시 결심을 해야 한다. 그리고 그들과 가까이할수록 재난이나 골치 아픈 일에 빠질 가능성이 더 높아진다는 사실을 기억해야 한다. 용기를 내서, 당장 관계를 청산하는 게 서로를 위해서 아름답다. 쇼펜하우어가 남긴 이 말을 아주 천천히 낭독하고, 필사하며, 음미해 보라.

"잠시도 나를 불쾌하게 만드는

암울한 공간에 머물지 마라.

그런 일상에서 벗어나지 못하면,

나중에는 아무런 희망도 없이

그저 그런 인생을 살게 된다.

나를 괴롭게 하는 사람은

미련없이 끊어내라."

금연을 하면
금단 증상만 늘어난다

76

인간은 너그럽게 대하면,
버릇이 없어진다는 점에서
어른과 아이는 서로 닮았다.
누구에게나 너무 관대하거나
함부로 다정해서는 안 된다.

Arthur Schopenhauer

모든 유혹이 다 마찬가지다. 인간을 오랫동안 유혹한 것들은, 인간이 자신을 지울 수 없게 사라지는 척하면서, 인간 내면에 자신을 남긴다. 그게 바로 우리가 말하는 '금단 증상'이다. 예를 들어 금연을 하면, 평소에 입에도 대지 않았던 달콤한 음식이 간절해진다. 결국 시간이 지나서 자신을 보면, 금연에도 실패하고, 폭식으로 인해서 살만 늘었다는 억울한 사실을 알게 된다. 금연을 하면 할수록 지방만 늘어나서, 나중에는 금연과 동시에 다이어트까지 해야만 하는 슬픈 현실을 맞이하게 되는 셈이다. 그렇게 되면, 스트레스를 더 많이 받아서 오히려 예전보다 담배를 더 자주 찾게 된다. 상황이 이렇게 되면, 내가 앞에서 말했던 것처럼 이런 공식이 다시 활성화된다. "금연, 절식, 금주와 같은 것은 일시적으로 실천할 수 있지만, 결국 다시 실패하게 된다. 사라지는 척하면서, 인간의 내면에 자신의 흔적을 새기기 때문이다."

치열하게 버텨야 한다. 지독한 것들을 상대하려면, 더 지독하게 버텨야 한다. 인간관계도 마찬가지다. 쇼펜하우어의 조언처럼 세상의 온갖 나쁜 것은 쉽게 사라지지 않는다. 오히려 다정하게 대한 나를 비웃으며, 배신을 하기도 한다. 마찬가지로 사라질 때, 자신의 흔적을 기어이 남기고야 만다. 이기적인 인간은 사라지며 이기심을, 무례한 사람은 사라지며 무례한 태도를, 우리 내면에 기어이 남기고 사라진다. 그를 지우다가, 마침내 그와 닮은 사람이 되는 이유가 바로 여기에 있다. 그래서 더욱 나쁜 것들과 유혹적인 것들을 끊고, 새롭게 시작하려면, 이 사실을 알아야 한다.

"나는 나를 구속하고 있는

온갖 부정적인 것들로부터

자유를 얻을 수 있다.

하루하루 버티고, 또 버티면,

결국 가장 순수한 내 존재만 남고,

그때부터 진짜 내 하루가 시작된다."

소음이 점점 커진다는 건
잘되고 있다는 증거다

77

재능 있는 사람은
과녁을 가장 잘 맞히는 사람이고,
천재적인 능력을 갖춘 사람은
볼 수 없는 과녁을 맞히는 사람이다.

Arthur Schopenhauer

온라인 서점에서 각종 책에 대한 평점을 조금만 살펴봐도 이런 공통점을 발견할 수 있다. '평점이 높은 책은 대부분 덜 팔린 책이다.', '평점이 낮은 책은 대부분 많이 팔린 책이다.' 참 신기하다. 대부분 이 안에서 크게 벗어나지 않으니까. 이유가 뭘까? 매우 간단하다. 평점이 높은 책은 이런 사람들이 구매한 책이라서 그렇다.

1. 나와 성향이 비슷한 소수의 사람
2. 나를 아는 극소수의 주변 지인들

친분이 있거나 성향이 유사한 극소수의 사람이 내린 점수라서, 평점이 거의 만점에 가깝다. 하지만 많이 팔린 책은 전혀 다르다. 그 책의 평점이 낮은 이유는 이렇다.

1. 많이 팔리다 보니 나와 성향이 전혀 다른 사람에게까지 팔렸다.
2. 독자가 내 지인일 확률이 희박하다. 나를 거의 모르는 사람이 대부분이라서 심각한 오해가 생긴다.

삶도 다르지 않다. 당신이 사는 삶의 반경 안에서 점점 소음이 커진다는 건, 익숙한 공간에서 벗어나, 내가 가슴에 품은 꿈과 목표에 점점 가까워진다는 사실을 의미한다. 진짜 멋진 일이 일어나고 있는 것이다. 나를 잘 모르는 사람과 처음 보는 환경이라서, 자꾸만 이런저런 소음이 들려오는 것이니, 오히려 기뻐해야 한다. 그러니 지금 힘들고, 온갖 고통에 불안하다면, 오히려 잘되고 있는 것이다. 그대로 계속 정진하라.

"익숙한 곳에서 벗어나면,

비로소 그토록 간절하게 바라던

나의 꿈을 만나서,

낯선 곳의 주인이 될 수 있다.

아주 잠시만 견디며 지나가면,

곧 도착하니, 살짝 눈을 감자.

잠시 후, 눈 뜨면 보일 테니까."

김종원의 세계철학전집

╳

쇼펜하우어 for 자존감

7장

생각

: 나의 한계를 뛰어넘는 시선

Arthur Schopenhauer

누구도 자신을 뛰어넘는 세계를 인정할 수는 없다

78

수많은 사람이 조금 더 나은 삶을 살기 위해서
'지성의 무도회'에 나왔다가,
다리에 심한 부상을 입은
파트너를 만난 사람과 같은 심정이 된다.
나는 대체 누구와 춤을 추어야 할까?

Arthur Schopenhauer

쇼펜하우어의 비유가 참 세심하고, 정밀하다. 처음에는 잘 이해
가 되지 않을 수 있지만, 반복해서 읽으면, 삶의 진리라고 볼 수도
있는 멋진 사실을 깨닫게 된다. 그럼, 이 질문에 답할 수 있게 된
다. "우리는 과연 자신을 뛰어넘는 세계를 볼 수 있을까?" 절망적
인 말일 수도 있지만, 사실상 그건 불가능에 가깝다. 어떤 세계를

인정하기 위해서는 일단 볼 수 있어야 하는데, 누구도 자기 수준 이상의 세계는 아예 인지할 수가 없기 때문이다.

모든 사람은 철저하게 자기 기준으로 타인과 세계를 평가한다. 자신의 지적 수준에 따라 남을 이해할 뿐이다. 정말 중요한 사실이다. 눈에 보이는 것을 보는 게 아니라, 이해할 수 있는 것이 눈에 보이는 것이다. 반대로 이렇게 생각할 수도 있다. 이해하지 못하는 게 아니라, 이해할 수 없는 것이다. 물론, 적당한 수준에서 만족하고, 대충 사는 것도 괜찮다. 하지만 그게 말처럼 쉽게 되지 않는 이유는 '지적 수준'이 낮아지면, '정신적인 수준'도 점차 낮아지게 되기 때문이다.

쇼펜하우어가 말한 '지성의 무도회'란, 결국 대화를 뜻한다. 그는 지적 수준을 높이려면, 자신보다 조금 더 나은 상대와 대화를 나눠야 한다고 생각했다. "누구와 춤을 추어야 하는가?"라는 말은, 곧 "누구와 대화를 나눠야 하는가?"라는 뜻이다. 이유는 간단하다. 우리는 누구든 어떤 사람과 대화를 나눌 때, 그 사람과 같은 수준이 되어야 한다. 수준을 맞춰야 내가 생각하는 것을 이해할 수 있게 말할 수 있어서다. 여기에서 우리는 희망을 발견할 수 있다. 낮은 수준에 머물러 있는 사람이 자신보다 높은 수준의 사람과 대화를 나누려고 노력할 때, 그는 스스로 자신의 수준을 끌어올릴 수 있다. 쇼펜하우어는 그걸 말하고 싶었던 것이다.

다만, 다음 3가지 사항을 꼭 명심해야 한다. 필사와 낭독을 통해 철처하게 자신의 루틴으로 만들자.

"하나, 너무 높은 수준은 아예 말이 통하지 않으니,

나보다 약간 높은 수준의 사람들과 대화를 나누라.

둘, 항상 옳을 수는 없지만, 항상 들을 수는 있으니,

잘 모를 때는 듣는 게 가장 좋은 방법이라는 사실을 기억하자.

셋, 모든 불행과 고통은 남과 비교하면서 시작되니,

하나라도 더 배우겠다는 생각만 갖고, 대화에 임하자."

세상에서
가장 자유로운 사람

79

혼자 사는 것은,
모든 위대한 영혼의
거부할 수 없는 운명이다.

Arthur Schopenhauer

　세상에서 가장 자유로운 사람은 누굴까? 뭐든 당장 살 수 있는
세계 최고의 부자? 어디로든 당장 떠날 수 있는 일상을 사는 사
람? 각자의 답이 있을 것이다. 그 모든 답을 간단하게 압축한다면,
이렇게 표현할 수 있다. '저녁 식사 제안에 어떤 이유도 대지 않고,
그냥 거절할 수 있는 사람'.

어떤가? 정말 가기 싫은 제안이지만, 할 수 없이 가야만 하는 자리가 워낙 많다. 그걸 일상에서 자주 경험하는 사람들이라면, 아마 크게 공감할 것이다. 쇼펜하우어가 '혼자의 삶'을 강조하며, 그것이 모든 위대한 영혼의 거부할 수 없는 운명이라고 말한 이유가 여기에 있다. 사람은 혼자 있을 때 가장 자유로우며, 그 누구도 아닌 자기 자신으로 살아갈 수 있다. 그럼, 이제 '만남'을 '일'로 변환해서 생각해 보자. 세상에는 크게 4가지 일이 있다.

1. 내가 좋아하는 일
2. 성장을 위해 필요한 일
3. 돈을 벌기 위해 하는 일
4. 어쩔 수 없이 억지로 하는 일

우리는 평생 수많은 일을 하며 살지만, 크게 나누면, 이렇게 4가지 일에서 벗어나지 않는다. 위에 소개한 것처럼 세상에서 가장 자유롭게 살면서, '혼자'의 가치를 증명하는 사람들은 3·4번을 거의 하지 않고, 대신 1·2번에 집중한다. 물론, 누구나 처음부터 그런 삶을 살 수 있는 건 아니다. 이런 삶의 태도가 필요하다. 필사하며, 마음에 담아보라.

"당장 편하려면, 돈을 벌기 위해서

억지로 이런저런 일을 해야만 한다.

하지만 좀 더 길게 생각한다면,

젊을 때부터 성장을 위해 필요한 일에

집중적으로 시간을 투자하는 게 좋다.

그런 기간을 보낸 후에야

나는 내가 좋아하는 일을 하며,

누구도 침범할 수 없는 자유를 즐길 수 있다."

수준 낮은 감정에
자신의 일상을 소모하지 마라

=== 80 ===

증오는 가슴에서 나오고,
경멸은 머리에서 나온다.
인간은 부정적인 감정을
완전히 억제할 수 없다.

Arthur Schopenhauer

내가 일상에서 자주 경험하고, 실천하는 이야기를 글로 써서 업로드를 하면, 간혹 이런 뉘앙스의 댓글을 쓰는 사람이 있다. "에이, 이게 실화라고? 완전 동화 같은 이야기네요." 그는 댓글로 내게 비현실적인 글이라고 말하고 싶었던 것이다. 그럼 나는 어떤 생각을 할까? '아, 내가 쓴 글은 비현실적이구나.'라고 할까? 전혀 그렇지 않다. 오히려 이런 깨달음을 얻게 된다. '내가 현실에서 매일 경험하는 예쁜 이야기들이, 저 사람의 인생에서는 결코 일어날 수 없는 동화 같은 이야기구나.'

늘 강조하지만, 누군가를 비난하거나 나쁘게 말하려고 쓴 글은, 결국 자신의 부족한 부분이나 나약한 현실과 내면을 스스로 공개하는 것과 같다. 즉, 내가 5 정도의 수준이라서, 6이나 7을 봤을 때 이해할 수 없으니, 없다고 부정할 수밖에 없으며, 안타깝게도 매우 자연스럽게 비난하게 되는 것이다.

쇼펜하우어가 인간은 어느 부정적인 감정도 완전히 억제할 수 없다고 말한 이유는 뭘까? 그러니까 계속 그렇게 살라는 조언일까? 그렇지 않다. 수많은 사람이 그 안에서 벗어나지 못하고, 증오와 경멸의 늪에서 살 때, 그 안에서 당당하게 걸어 나올 수 있다면, 다른 삶을 시작할 수 있다는 멋진 사실을 말하고 싶었던 것이다.

생각만 바꾸면, 방법은 어렵지 않다. 참고로 나는 내가 짐작하지 못한 수준 높은 현실을 사는 사람들의 말과 글을 접할 때, "이게 현실에서 가능해?"라는 의문을 품기보다는, "나도 이런 이야기를 현실에서 어렵지 않게 실천하고, 풍성하게 경험하려면, 무엇을 어떻게 해야 하는 걸까?"라는 뜨거운 질문을 나 자신에게 던진다. 그럼, 한동안 나의 내면은 아플 정도로 치열하게 사색에 잠긴다. 하지만 그런 시간은 언제나 내게 가장 지혜로운 답을 준다. 바로 이렇게.

"증오는 가슴에서 나오지만,

나는 가슴에서 증오를 지울 수 있다.

또한, 경멸은 머리에서 나오지만,

나는 머리에서 경멸을 지울 수 있다.

탄생하는 건 내 의지가 아니지만,

지우는 건 내 의지가 결정한다.

나는 더 좋은 생각이 나를 지배할 수 있게

나를 더 높은 곳에 둘 것이다."

반드시 최고의 영감을
발견할 수 있게 만드는 산책법

지나친 독서는
오히려 사색을 방해한다.

Arthur Schopenhauer

산책을 영감의 도구로 활용하려는 사람이 사람이 많다. 하지만 현실은 많은 사람이 그냥 나갔다가 들어오기만 하며, 시간을 소모한다. 실제로 얻는 게 전혀 없는 산책만 반복하는 셈이다. 이유는 간단하다. 방법을 모르기 때문이다.

쇼펜하우어가 지나친 독서를 경계한 이유가 뭘까? 독서는 남의 생각을 읽는 것에 불과하다. 읽기만 해서는 영감을 발견할 수 없다. 독서가 글을 읽는 것이라면, 산책은 풍경을 읽는 것이다. 그러므로 산책할 때 어떤 영감을 발견하고 싶다면, 그저 풍경을 스치는 수준에서 벗어나, 제대로 읽기 위한 사색을 시작해야 한다. 반드시 영감을 발견할 수 있게 돕는 7가지 산책법을 간단하게 압축해서 소개한다.

1. 지금 해결하려는 문제를 한 줄의 질문으로 압축한다.
2. 그 질문의 눈으로 책을 선택해서 읽어라.
3. 읽다가 멈춘 부분에서 만난 문장을 낭독하라.
4. 입에서 자연스럽게 나올 때까지 계속 낭독하라.
5. 낭독한 문장을 한 줄로 압축하라.
6. 그 한 줄을 품고, 지금 산책을 나가라.
7. 그 한 줄이 너의 눈이 되어, 새로운 세상을 보여줄 것이다.

이때 중요한 건, 가장 좋은 것만 바라보며 걷겠다는 의지를 가져야 한다는 점이다. 이를테면, 누군가 '나를 성장시키는 10가지 방법'이라는 주제로 글을 쓰면, 꼭 이렇게 댓글을 쓰는 사람이 있다. "전 3번이랑 5번에는 동의할 수 없네요." 하지만 반대로 이런 댓글을 쓰는 사람도 있다. "7번이랑 9번은 당장 실천해야겠습니다. 실천할 방법을 알려주셔서 감사합니다."

어떤 생각이 드나? 생각은 습관이다. 그래서 무섭다. 전자는 어떤 좋은 글을 읽어도, 자신이 동의할 수 없는 것만 찾아서 반드시 말과 글로 뜻을 전한다. 그러나 후자는 늘 좋은 것만 찾아서 말과 글로 전한다. 두 사람의 인생은 과연 어떤 방향으로 흐를까?

하나 묻는다. "후자의 눈에는 과연 동의할 수 없는 부분이 보이지 않는 걸까?" 그렇지 않다. 그의 눈에도 당연히 어떤 글을 읽어도 동의할 수 없는 부분이 선명하게 보인다. 하지만 그는 굳이 그걸 찾아서 상대방에게 알릴 가치를 느끼지 못한다. 서로에게 도움이 되지 않는 무가치한 일이라서 그렇다.

일상에서 산책을 할 때도 늘 기억하라. 좋은 것만 보면, 그 사람의 눈과 마음에 온갖 좋은 것만 쌓인다.

"제발 좋은 것만 보라.

'제발'을 굳이 넣는 이유는,

당장 그렇게 변하지 않으면,

죽는 날까지 부정적인 감정만 느끼며,

우울하게 살게 되기 때문이다.

자신에게 희망을 허락하라."

점점 상승하는 인생을 사는
사람들의 질문은 '이게' 다르다

=== 82 ===

인간은 자신보다 열등하고,
수준 낮은 사람과 더 자주 어울린다.
그들의 존재가 자신에게
우월감을 안겨주기 때문이다.

Arthur Schopenhauer

간혹 온라인 공간에서 정말 멋진 글을 볼 때가 있다. 그런데 그런 글에는 늘 이런 뉘앙스의 댓글이 달려있다. "다 좋아, 그런데 너는 글처럼 살고 있냐?", "웃기네, 글로는 누가 못 쓰냐!", "글쎄다. 저 사람이 과연 글처럼 살까?"

맞다. 글처럼 사는 건 매우 힘든 일이다. 그런데 그보다 더 중요한 부분을 하나 묻고 싶다. "과연 그런 방식의 읽기가 자신에게 도움이 될까?" 읽는 글마다 글을 쓴 사람에게 의심이나 의혹의 질문을 던진다면, 앞으로 무엇을 새롭게 배울 수 있을까? 그냥 시간만 소비하게 될 가능성이 매우 높다. 질문의 방향이 바깥을 향하고 있기 때문이다. 정말 중요한 지점이다. 바깥에는 답이 없다는 사실을 알고 있어야 한다.

쇼펜하우어가 전한 말의 맥락도 바로 여기에 있다. 낮은 수준의 사람들은 무엇을 보든, 자기 수준에서만 생각하며 비난한다. 비난과 불만이 많은 사람이 주변에 있다면, 그는 생각하는 수준이 낮은 사람일 가능성이 높다. 비난과 불만은 생활 습관에서 나오는 게 아니라, 생각하는 수준에서 나오는 낮은 지성의 산물이니까.

점점 상승하는 인생을 사는 사람들의 질문은 그들과 전혀 다르다. 남은 삶이 곧 배우는 나날이 되고 싶다면, 반드시 이 말을 기억해야 한다. 누군가 멋진 내용의 글을 써서 올리면, "너는 그렇게 살고 있냐?"라는 마음을 갖기보다는, "나는 이 글에서 배운 걸 내 삶에 어떻게 적용할 수 있을까?"라는 질문을 자신에게 던져라.

글을 쓴 사람이 글처럼 사는 게, 내 삶과 무슨 관계가 있나? 그는 스스로 알아서 잘살고 있으니, 아무런 걱정도 하지 마라. 다시 말하지만, 늘 질문은 바깥이 아닌, 자기 자신을 향해야 한다. 모든 지적 행위는 결국 나를 위한 것이므로.

"남을 누르려는 마음은 접고,

내가 나아질 수 있는 날개를 펴라.

남을 의심하는 질문이 아닌,

내가 나아질 수 있는

세상에서 가장 멋진 질문을 던져라.

내 모든 하루가 성장의 나날이 될 수 있도록."

농익은 자기만의 향기를 가진 사람

83

고통으로부터 온전히
자유를 얻은 사람은,
언제든 만족이라는
기쁨을 즐길 수 있다.

Arthur Schopenhauer

　다른 철학자들과 마찬가지로 쇼펜하우어 역시 자신의 삶을 통해서 늘 긍정의 힘을 강조했다. 그러나 그의 긍정은 다른 철학자들의 긍정과 그 의미가 많이 다르다. 그는 자기 몸과 마음이 견딜 수 있는 범위를 제대로 알아야, 긍정의 힘을 제대로 활용할 수 있다고 생각했다. 이유는 간단하다. 견딜 수 있는 범위를 알고 있어야, 바보처럼 견뎌내지 못할 정도로 자신을 힘들게 하지 않을 수 있어서다.

그의 말이 전적으로 옳다. 아무리 좋은 의미로 하는 일이라도, 그게 자신의 몸과 마음을 견디지 못할 정도로 힘들게 하는 일이라면, 결코 그 안에서 긍정의 힘을 기대할 수 없다. 결국 그가 고통으로부터 온전히 자유를 얻은 사람이 만족이라는 기쁨을 즐길 수 있다고 말한 이유도 여기에 있다. 긍정과 자유의 가치를 제대로 느끼며 활용하고 싶다면, 우리는 늘 자신에게 이런 질문을 던져야 한다. "나는 내가 견딜 수 있는 고통의 범위를 알고 있는가?"

그래서 사람의 성장은 꽃의 성장과 닮았다. 자신을 제대로 알지 못한다면, 한자리에 정착하기 어렵다. 여기저기 자리를 계속 옮긴다면, 누구도 자신이라는 꽃을 아름답게 피워낼 수 없다. 뿌리를 내릴 수 없기 때문이다. 한자리에서 온갖 시련과 고통을 견디며, 오랫동안 버틴 후에야, 뿌리는 더 깊이 자신을 밀어 넣고, 마침내 우리는 각자의 꽃으로 피어날 수 있다. 오랫동안 버틴 사람에게는 그래서, 그들만의 향기가 난다. 어떤 인공적인 방법으로도 흉내 낼 수 없는 그들만의 농익은 향기가, 아름다워서 거부할 수 없는 멜로디처럼 흐른다.

일상에서 그런 사람을 만났을 때, 그의 치열했던 과거에서 무언가를 배우고 싶다면, 이렇게 질문할 수 있어야 한다. "저 사람은 저렇게 농익을 때까지 한자리에서 얼마나 오랫동안 버틴 걸까?"
아주 중요한 질문이다. 향기는 깨달음이므로.

깨달은 자만이 농익은 향기를 세상에 전할 수 있다. 그러나 깨달음은 쉽게 우리를 찾아오지 않는다. 무언가 하나를 제대로 알기 위해서는, '이제 알겠다.'라는 생각이 찾아올 때까지 그 자리를 떠나면 안 되기 때문이다.

요약하자면 그 자리를 떠나지 않고, 오랫동안 유지한 자만이 무언가를 찾아낼 수 있고, 거기에서 만족이라는 기쁨도 즐길 수 있다. 그래서 늘 깨닫는 자는, 자리를 옮길 때마다 더 농익은 향기를 세상에 전한다.

"아무리 고통스럽더라도

쉽게 자리를 옮기지 마라.

스스로 깨닫게 되는 그 순간까지

오랫동안 그 자리에서 깊이 내려가라.

스스로 자기 삶을 키우는 삶의 뿌리가 돼라.

내려가서 자신의 세계를 사색하라.

농익은 향은 그렇게 탄생한다."

상대가 너무 높아 보일 때 읽으면
내 자존감을 찾을 수 있는 말

84

언제 어디에서나 상대를
집어삼킬 정도의 담력을 가져라.
사람을 보는 시각을 바꾸면,
누구나 할 수 있는 변화다.

Arthur Schopenhauer

　높은 자리에 있는 사람이거나 이미 명예와 온갖 능력을 가진 사람을 만나게 되면, 저절로 기가 죽거나 자신감이 떨어지게 된다. 그러나 그런 상태로는 정상적인 대화를 나누기 어렵다. 먼저 자신감을 되찾아야 하고, 스스로를 믿는 탄탄한 자존감의 소유자로 다시 태어나야 한다.

쇼펜하우어 역시 아무도 그를 알아보지 못했던 젊은 시절, 그런 힘든 경험을 매우 자주 반복했다. 이에 그는 아래에 소개하는 5가지 답을 찾았다. 당신도 그런 순간이 찾아올 때마다 읽고, 새롭게 태어나 보라.

1. 상대를 실제보다 더 부풀려 생각해, 먼저 겁먹을 필요는 없다. 먼저 기가 죽으면, 상대에 대한 상상만 지나치게 키우게 된다.

2. 대단한 사람이라고 생각했던 사람도 실제로 대화를 나누면, 의외로 시시한 사람이라는 사실을 알게 된다.

3. 인간에게는 누구나 한계가 있는 법이다. 세상에 후회나 변명을 하지 않는 사람은 별로 없다.

4. 지위가 높은 사람은 뭐든 잘할 것 같지만, 지위에 맞는 뛰어난 실력을 갖춘 사람은 생각보다 별로 없다.

5. 늘 현실에서 멀어지지 마라. 상상은 언제나 한발 앞서, 머릿속에 상대에 대한 과장된 이상을 그리곤 한다.

물론, 이미 대단한 업적을 이룬 사람들의 결과나 성과를 과소평가하라는 말은 아니다. 중요한 건, 상대의 가장 빛나는 부분과 나의 가장 어두운 부분을 비교하며, 자책해서는 안 된다는 사실이다.

"현명하고, 용기 있는 사람들은,

현실을 가장 정확하게 본다.

굳이 겁을 먹지도 않고,

반대로 과장하며, 자신을 포장하지도 않는다.

누구를 만나든 사람과 사람이 만난다고 생각하면,

그 어떤 만남도 어려울 게 없다."

가장 힘든 상황에서
나를 도울 멘토를 찾아라

85

가장 힘든 상황에서
자신을 지킬 수 있는
단 하나의 방법은,
스스로를 존중하는 것이다.

Arthur Schopenhauer

"나라는 놈은 진짜 죽어도 괜찮아!", "되는 일도 하나 없고, 나는 왜 이렇게 무능력한 걸까?" 가장 힘든 상황에서 차분한 마음을 지키는 건 정말 어려운 일이다. 누구든 되는 일이 없을 땐, 자신을 가장 먼저 원망하게 된다. 하지만 아무리 잘되는 일이 없다고 해도, 스스로를 비참하게 만들지 마라. 자신을 극도로 낮추며, 잘될 가능성이 없다고, 비상식적인 말과 태도로 비난하지도 마라.

가장 위험한 건 세상의 부정적인 평가를 받는 것이 아닌, 자신의 실패가 두려워서 스스로 포기라는 선택을 하는 것이다. 아니, 포기는 선택이라고 부를 수도 없다. 그건 선택이 아닌, 방관에 불과하다. '포기'라는 선택지는 아예 지우는 게, 자신을 위해 좋다. 실패마저도 무언가를 선택한 자에게만 찾아오는 도전의 증거다.

쇼펜하우어의 조언처럼, 힘든 상황에서는 가장 먼저 자신을 존중하라. 그다음에는 나를 도울 멘토를 찾아야 한다. 그래야 본인을 존중하는 마음을 발판으로 삼아, 더 큰 성장을 도모할 수 있다. 어려운 상황에서 강한 의지로 자신을 존중하는 건, 잠시는 가능하지만, 오래갈 수는 없기에 반드시 나를 도울 멘토가 필요하다.

쇼펜하우어는 가장 뛰어난 멘토를 찾는 방법에 대해서 7가지로 압축해서 정리했는데, 간단하게 소개하면 이렇다.

1. 일상에서 차분함을 유지하는 사람을 찾아라.

2. 힘든 상황에서도 성실한 사람이 가장 뛰어난 사람이다.

3. 나를 깎아내리지 않으면서 깨달음을 주는 사람을 찾아라.

4. 자기만의 시선을 가진 사람이 다채로운 깨달음을 줄 수 있다.

5. 어디에서든 가치를 찾는 사람이 고수다.

6. 자신을 소중하게 생각하는 사람에게서 더 많이 배울 수 있다.

7. 이기기 위해서가 아니라 공존하려고 분투하는 사람이 아름답다.

쇼펜하우어가 말했듯, 어려울수록 스스로를 존중해야 하며, 이 때 도움이 되는 게 좋은 멘토의 존재다. 만나기 쉬운 멘토 말고, 정말로 자신의 분야에서 독보적인 흔적을 남긴 위대한 멘토를 찾아가, 그의 모든 것을 듣고, 전수받는 게 좋다. 실제로 만날 수 없다면, 그가 쓴 책이나 각종 예술 작품을 간접적으로 접하면서, 그의 흔적을 통해 배울 수도 있다.

"스스로를 비난하는 사람은

자신이 망하기를 바라며,

박수를 치는 것과 같다.

어떤 경우에도 자신을 존중하라.

세상이 아무리 끝나도,

내가 나를 존중하는 한,

나의 세상은 끝나지 않는다."

"일단 중립 기어 박고 기다려보죠."라는
말에 대해서

86

다수의 보통 사람은
시간을 소비하는 데에만
모든 마음을 쓰지만,
소수의 재능 있는 사람은
시간을 활용하는 데 전념한다.

Arthur Schopenhauer

하나 묻는다. "당신은 모든 사람에게 공평하게 주어진 시간을
제대로 활용하면서 산다고 확신할 수 있나?"

세상에 어떤 놀라운 이슈가 생기면 꼭 이런 말을 하는 사람이
있다. "일단 중립 기어 박고 기다려보죠." 어떤 사건에 대해 정보
가 불충분하거나, 반대 증거가 충분히 나올 만한 상황에서, 누구의

편도 들지 않고, 의사 표시를 하지 않으며, 상황을 좀 더 지켜보겠다는 뜻이다. 스스로 "어때? 나는 매우 공정한 사람이야!"라고 외치는듯하다. 하지만 여기에서 나는, 오히려 그에게 이런 질문을 던지고 싶다.

1. 그 뉴스가 당신이 사는 것과 무슨 상관인가?
2. 판결을 위해 당신의 판단이 필요한 이슈인가?
3. 정보가 나올 때까지 기다리며, 시간을 보낼 가치가 있나?

"난 모든 정보가 나올 때까지 중립을 지킬 거야."라는 말로 본인의 합리적인 생각을 주변에 전하지만, 그게 과연 진짜 합리적인 선택일까? 위에서 소개한 3가지 질문과 "다수의 보통 사람은 시간을 소비하는 데에만 마음을 쓴다."라는 쇼펜하우어의 말을 다시 기억할 필요가 있다.

온라인에서 어떤 이슈가 생기면, 순식간에 "중립 기어 박고 생각 중"이라는 댓글이 달린다. 또한, 그 댓글에 '좋아요'가 몰린다. 이건 시간을 소비하는 선택일까? 활용하는 선택일까? 자신과 아무런 상관도 없는 일에 시간을 소비하며, 모든 정보가 나올 때까지 기다린다는 건, 무엇을 의미하는 걸까? 오늘은 꼭 스스로에게 질문해 보라.

"모든 일에 대한 판결을

굳이 내가 내릴 필요는 없다.

'이것은 나의 일인가?'

'여기에서 나는 무엇을 배울 수 있나?'

이런 질문을 자신에게 던지며,

주어진 시간을 값지게 활용하자.

시간을 길에 버리지 않아야,

내 삶에 모두 쏟으며 살 수 있다."

쉽게 상처받지 않고
감정을 소모하지 않는 법

87

유리처럼 깨지기 쉬운
연약한 마음으로는,
어떤 사람도 사귀기 어렵다.

Arthur Schopenhauer

쉽게 상처받는 사람은, 인간관계를 제대로 풀어나갈 수가 없다.
게다가 유리처럼 깨지기 쉬운 마음을 가진 사람에게는, 상처를 입
히게 될 것이 두려워서, 사람들이 농담도 하지 않는다. 아무도 쉽게
다가가지 않으니, 관계는 점점 망가지고 좁아진다. 그래서 더욱 당
신이 연약한 마음의 소유자라면, 다음 3가지 관계의 진리를 통해,

내면을 탄탄하게 만들 필요가 있다.

1. 나아지려고 노력하라.

누군가의 사랑을 받는 것은 타고난 행운이지만, 그 사랑을 끝까지 지켜서 아름다운 결실을 맺는 건, 스스로의 노력으로 가능한 내가 창조한 행운이다. 내가 노력해야 뭐든 나아질 수 있다.

2. 더 나은 사람을 보라.

모든 칭찬은 나름대로 다 귀하다. 하지만 많은 사람의 존경을 받는 자격과 실력을 동시에 갖춘 사람의 칭찬이야말로 가장 소중하다. 더 나은 사람의 칭찬을 받도록 분투하라.

3. 스스로 현명해져라.

어리석은 사람은 누구든 경멸하지만, 현명한 사람은 모두를 존경심으로 대한다. 단순히 착하거나 좋은 마음을 가져서가 아니다. 장점을 발견할 수 있는 눈을 가지고 있는 덕분이다. 장점을 자꾸 찾으려고 노력해 보라.

그리고 다음 4가지 태도를 버려야 한다.

1. 자기만 생각하는 습관을 버려라.

2. 자신이 좋아하는 것만 하려는 욕심을 버려라.

3. 자기 명예만 중요하다는 생각을 버려라.

4. 자신만 잘되면 뭐든 괜찮다는 얕은 마음을 버려라.

유리처럼 깨지기 쉬운 마음으로는 세상을 살기 어렵다. 일상의 곳곳에서 굳이 그렇게 하지 않아도 될 감정의 소모를 자꾸만 하게 되기 때문이다. 위에 소개한 3가지 관계의 진리와 버려야 할 4가지 태도를 꼭 기억하며, 다음의 글을 필사하면, 하루하루 조금 더 나아진 자신을 만날 수 있다.

"모두가 존경하는 사람에게도

지우고 싶은 단점은 있다.

그러나 지혜로운 사람들은,

그가 단점 때문에 존경받는 것이

아니라는 사실을 알고 있다.

언제나 포장지가 아닌 본질을 보라.

본질을 바라보는 자는,

자신의 마음을 지킬 수 있다."

자존감을 높이는
지혜로운 5가지 말하기 법

88

논리에 어긋나는 수준 낮은 대화를
만약 들었다면, 그저 바라보며,
어리석은 바보가 연기하는
희극의 한 장면이라고 생각하고,
지나치는 게 좋다.

Arthur Schopenhauer

분명히 논리적으로는 내가 맞는데, 자꾸 대화를 하다 보면, 괜히 나만 자존감에 상처가 나는 기분이 들 때가 있다. 이유는 간단하다. 바보와 대화를 하기 위해서는 나도 바보가 되어야 하기 때문이다. 이 사실을 잘 알았던 쇼펜하우어는 대화에서 늘 이 원칙을 철저하게 지켰다. "보통의 사람들은 이해력이 부족하므로, 그 자리를 떠난 뒤에야 이해할 수 있다." 그는 그런 대중의 낮은 수준을 잘 알고 있어서, 늘 5가지 방법을 통해서 대화를 나눴다.

1. 격한 어조는 낮은 문해력만 증명한다.
2. 할 말만 요령 있게 전달하라.
3. 해석은 들은 사람에게 맡겨라.
4. 점잖은 태도로 말하면, 경청하게 된다.
5. 감정에만 호소하면, 소리가 커진다.

말할 때 꼭 기억해야 할 정말 중요한 사실을 하나 공개한다. "세상에 의견을 내려는 사람은 많지만, 생각하는 사람은 적다." 어떤가? 대화의 본질을 통과하는 말이라고 볼 수 있다. 모두가 저마다 입을 열어 의견을 내고 있지만, 정작 생각하는 사람은 극소수이다.

이 사실은 무엇을 의미할까? 대부분의 사람에게서 나오는 말이, 자기 생각에서 나온 언어가 아니라는 매우 슬픈 사실을 담고 있다. 물론, 그들은 이렇게 착각하며, 외칠 것이다. "무슨 소리야! 내가 주장하는 건 전부 내 생각에서 나온 거야!" 이에 쇼펜하우어는 "동물은 감각하고, 직관하지만, 인간은 사유하고, 인식한다."라고 말한다. 인간으로 살고 싶다면, 사유하고, 인식해야 한다는 말이다.

"태어났다고 모두 인간이 되는 건 아니다.

가치 있는 말을 할 수 있어야,

비로소 인간으로 대우받을 수 있다.

수준에 맞지 않는 사람들과 굳이 섞이지 마라.

세상에는 생각하는 사람이

매우 극소수라는 사실을 잊지 마라."

이렇게 생각을 바꾸면 앞으로
절대 포기하지 않는 사람이 될 수 있다

89

대다수의 사람은 생각하지 않고,
맹목적으로 믿기만 한다.
그들은 이성에 다가가지 않고,
단지 권위에만 다가간다.

Arthur Schopenhauer

뭘 시작해도 쉽게 포기하는 사람들이 있다. 자신도 그런 나약
한 마인드의 소유자라는 사실을 잘 알고 있지만, 의지만으로는 쉽
게 고칠 수 있는 게 아니라서 참 어려운 문제다. 그러나 그런 나약
한 마인드도 이렇게 생각을 바꿀 수 있다면, 생각보다 쉽게 고칠
수 있다.

100m 달리기 선수가 올림픽 경기에서 뛰는 장면을 보면, 어떤 생각이 드나? 이때 크게 3가지 반응으로 나눌 수 있다.

1. 저 10초에 모든 것을 폭발시키네.
2. 저 10초를 위해 4년을 고생했구나.
3. 저 10초를 위해 평생 뛰는 연습을 했겠네.

정확하게 뛰는 10초만 바라보며, 거기에서 생각이 멈추는 사람이 있고, 4년이라는 올림픽 기간을 생각하는 사람도, 그의 평생을 헤아리는 사람도 있다. 실제로 100m 달리기 선수는, 경기에서 10초를 달리기 위해 평생 뛰는 연습을 한다. 하지만 어떤 사람들은 앞서 언급한 것처럼, 그들이 눈앞에서 달린 10초만 보면서 평가한다. 조금 더 시야가 넓은 사람은 올림픽이 열리는 간격인 4년을 추측하며 평가하고, 무엇이 본질인지 아는 사람들은 그가 달린 평생의 시간을 짐작하며, 아무도 가늠하지 못하는 깊은 사색의 세계로 자신을 초대한다.

넓게 그리고 깊게 무언가를 보는 건 쉬운 일이 아니다. 인간은 당장 눈앞에 있는 것들에 빠지기 쉽고, 거기에서 좀처럼 벗어나지 못하기 때문이다. 그게 바로 우리가 무언가를 시작해서 빠르게 포기하는 이유의 전부다.

100m 달리기 선수를 보며, 그들의 10초로 모든 것을 판단하는 사람은, 무엇을 시작해도 빠르게 그만둘 수밖에 없다. 수많은 노력과 시간을 투자해야, 뭐든 이룰 수 있다는 사실을 잘 모르기 때문이다. 하지만 10초를 보며, 그의 평생을 볼 줄 아는 사람은, 무언가를 시작해도 쉽게 끝내지 않는다. 조금 더 시간과 노력을 투자하면 만날, 희망 가득한 미래가 그려지는데 어찌 쉽게 포기할 수 있겠는가.

필사할 문장

"눈앞에 서 있는 그가 아닌,

뒤에서 분투하며 시간을 보냈던

그의 수많은 지난 시간을 바라보라.

쉽게 생각하면, 결국 쉽게 포기하게 된다.

끝까지 멋지게 해내고 싶다면,

그걸 해낸 사람들의 모습에서 배워야 한다."

어떤 영역에서도 두각을 드러내는 사람은 '이게' 다르다

90

들어도 이해가 되지 않는
애매한 목표는 결국,
사람을 권태로 이끈다.

Arthur Schopenhauer

하루는 미국의 메이저리그에서도 활약했을 정도로 뛰어난 타자 중 한 명이 다시 한국으로 돌아와 경기를 하는 장면을 방송으로 보며, '이 장면'에서 놀란 적이 있다. 경기장으로 들어가 보자.

지금은 동점 상황에서 타자의 출루가 반드시 필요한 상황. 그런데 상대 팀 투수는 155km가 넘는 무시무시한 직구를 던지는 선수다. 공이 몸쪽으로 날아오자, 그는 무의식적으로 흠칫 놀라며, 뒤로 물러선다. 하지만 이내 그는 공을 피한 자신을 원망하는 표정을 짓는다. 그 경기를 중계하는 같은 팀 출신의 해설위원은 그 표정이 무엇을 의미하는지 파악했다는 듯 이렇게 말한다. "지금 저 선수! 아, 공을 피한 걸 후회하고 있네요. 맞고, 1루로 나가야 했는데, 내가 왜 피했을까 자책하는 표정이었어요. 그런데 정말 조심해야 합니다. 지금 투수의 공이 155km가 넘어요."

맞으면 어떤 일이 생길지도 모를 정도로 무시무시한 공을 맞고서라도 1루에 나가겠다는 의지. 물론, 선수에게 가장 중요한 건 건강한 몸이다. 하지만 죽음을 각오하면, 오히려 무사히 임무를 수행할 수 있는 것처럼, 맞고서라도 나갈 강력한 의지가 있어야, 치열한 경쟁이 이루어지는 프로의 세계에서 자신의 이름을 남길 수 있다. 그가 최고의 위치에서도 최고를 향하여 달릴 수 있는 모든 경쟁력은 역시, 맞고서라도 출루를 하겠다는 정신에 있었다.

어떤 영역에서, 어떤 일을 하면서 살아가든, 미치도록 치열해야 자기 자리를 지킬 수 있다. 그는 수많은 평범한 선수와 '정신력의 설정 상태'가 완전히 달랐다. 그러나 이건 경쟁의 늪에 빠지라는 말도 아니고, 힘들게 살라는 소리도 더욱더 아니다. 그저 "내가 지금 하는 일에 대한 최소한의 예의를 가져야 한다."라는 이야기다.

"뭐든 '그냥' 정도의 수준으로 하는 사람은

세상에 정말 많다.

그러나 우리는 그냥 살기 위해서

이 세상에 태어난 게 아니다.

내가 하는 일에 대한 예의를 갖추자.

최선을 다해 내 일을 한다는 건,

인간으로서 보여줄 수 있는 최소한의 예의다."

만약 내게 단 하루만 남아있다면

"어리석은 자의 삶은 죽음보다 나쁘다.

한 사람의 인생을 판단할 때,

죽음보다 완벽한 기준은 없다."

여기까지 책을 읽었다면, 이제 당신은 변화를 결심했을 것이다.

지금부터 당신은 하루를 어떻게 보낼 것인가?

방금 쓴 글이 완벽하지 않아서 SNS에 업로드를 하지 않을 것인가?

거절당하는 게 두려워서 고백을 미룰 것인가?

실패할까 봐 걱정이 돼서 무엇도 시작하지 않을 것인가?

좋은 건 알지만, 예쁜 말을 하는 게 너무 부끄러워서,

가족에게 마음에도 없는 상처 되는 말만 던질 것인가?

이제 그런 어리석은 선택은 하지 않을 것이다.

생각나는 모든 것을 그대로 글로 써서 업로드를 하고,

더는 '좋아요'나 '댓글' 수에 연연하지 않을 것이다.

정말 중요한 건 타인의 평가보다는,

표현했다는 나의 만족감이니까.

그리고 수백 번 거절을 당하고, 실패해도,

마치 처음처럼 다시 일어나 도전할 것이다.

중요한 건 상대의 반응이 아니라, 나의 시작이니까.

또한, 소중한 사람들에게 좀 더 다정하게 말할 것이다.

다정한 마음은, 생각만 하는 게 아니라

표현해서, 상대방에게 도착하며, 완성이 되는 거니까.

영원히 살 수 있을 것처럼 사는 것도 좋다.

다만, 오늘이 마지막일 수도 있다는 사실은 잊지 말자.

후회가 없는 농밀한 하루를 보내고 싶다면,

오늘 주어진 이 하루가 나의 전부라고 생각하며 살자.

이제, 모든 것을 새롭게 시작하자.

지금 이렇게 시퍼렇게 살아 있다는

이 찬란한 기쁨을 온전히 즐기자.

나의 현재만이 나의 유일한 진실이다

© 김종원 2024

초판 1쇄 인쇄 2024년 8월 14일
초판 1쇄 발행 2024년 8월 26일

지은이   김종원
편집인   권민창
책임편집   윤수빈
디자인   김윤남
책임마케팅   김민지, 정호윤
마케팅   유인철
제작   제이오
경영지원   백선희, 권영환, 이기경

펴낸이   서현동
펴낸곳   ㈜오팬하우스
출판등록   2024년 5월 16일 제2024-000141호
주소   서울특별시 강남구 테헤란로 419, 11층(삼성동, 강남파이낸스플라자)
이메일   info@ofh.co.kr

ISBN   979-11-988393-9-8 (03160)

마인드셀프는 ㈜오팬하우스의 출판브랜드입니다.